郎咸平说

U0645050

郎咸平　马行空

你的投资机会在哪里

经济下行压力加大，

如何从危机中找准机会？

人民东方出版传媒
People's Oriental Publishing & Media
东方出版社
The Oriental Press

图书在版编目（CIP）数据

郎咸平说. 你的投资机会在哪里 / 郎咸平, 马行空 著. — 北京 : 东方出版社, 2015.11

ISBN 978-7-5060-8733-9

Ⅰ.①郎…　Ⅱ.①郎…②马…　Ⅲ.①投资—研究—中国　Ⅳ.①F12

中国版本图书馆CIP数据核字(2015)第267069号

郎咸平说：你的投资机会在哪里

（LANGXIANPINGSHUO:NIDE TOUZI JIHUI ZAINALI）

作　　者：	郎咸平　马行空
责任编辑：	姬　利　王叶楠
出　　版：	东方出版社
发　　行：	人民东方出版传媒有限公司
地　　址：	北京市东城区朝阳门内大街166号
邮政编码：	100706
印　　刷：	三河市金泰源印务有限公司
版　　次：	2016年1月第1版
印　　次：	2016年1月第1次印刷
印　　数：	1—120 000册
开　　本：	710毫米×1000毫米　1/16
印　　张：	15.5
字　　数：	200千字
书　　号：	ISBN 978-7-5060-8733-9
定　　价：	39.00元

发行电话：（010）64258117　64258115　64258112

目　录

序言：未来投资市场的风险与机遇

2015 年注定是不平凡的一年，在过去短短一年多的时间里我们不得不面对世界经济萎靡不振、欧债危机持续发酵、李嘉诚等商界巨头集体撤资转换投资方向等一系列让我们措手不及的事件。

同时，国内多年来一直依靠投资拉动经济的负面效应越来越大，为此，政府提出了"大众创业、万众创新"的新口号，也做出了"一带一路"输出产能的新决策。然而，在频繁出台各种新政策后，却没有从根本上解决当今中国的实质性问题。身在如此复杂多变的投资环境中，我们该如何应对？

在蓄积了一年多的时间后，我终于将过去这段时间投资市场的本质理清，整理成书出版，以便帮助更多的普通老百姓在纷繁复杂的经济现象后找到事情的本质，认清投资市场的真实面目。本书共分上下两篇，分别从投资环境和投资领域两个方向展开，主要内容涉及国际、国内投资市场的重要事件。

从国际投资环境来看。美国主导的跨太平洋伙伴关系协定（TPP）10月 5 日达成初步协议，外界普遍解读为这是美国遏制中国的策略。主要媒体更对此进行了如下解读：

10月7日，美国外交政策网站发文称，TPP带来如下可能性：全球经济的未来规则将在美国影响力占据统治地位的前提下写就。

10月7日，美国之音称，TPP协议的达成恐令中国失去了在21世纪制定全球贸易规则和标准的机会。

10月6日，新华社称，"全覆盖"和"高标准"是TPP协议的主要特点，希望以此为样本重塑亚太乃至全球的贸易规则。

10月8日，《上海证券报》发文称，TPP尘埃落定，标志着新一轮国际贸易规则之争的开始，美国通过主导跨太平洋伙伴关系协定（TPP）力图推行代表发达国家利益的高标准的贸易投资规则。

通过对国内外媒体的相关报道分析后，你会发现，其实事情的本质根本不是美国对中国的"战争"，而是资本对主权的挑战！那我再抛出一个问题：在美国的两党中谁代表大资本家、大资产阶级、跨国资本的利益？你一定会告诉我是共和党！因为所有人都这样认为，而奥巴马所在的民主党是代表穷人的。实际上我告诉你，在资本面前，是什么党根本不重要。何以见得？

6月24日下午，在授权奥巴马进行TPP谈判的法案上，美参议院以60票赞成、37票反对的结果通过贸易促进授权法案。在60票赞成票中，共和党47票，民主党13票；37票反对票中，民主党30票，共和党7票。共和党依然是赞成的主力，奥巴马是在共和党支持下谈的TPP！不管是民主党还是共和党，面对跨国资本的时候都是无力的！

那什么才是TPP整件事情的本质呢？TPP试图把通常只有在双边条款中的"投资者—政府争端解决（ISDS）机制"扩展到多边机制之中。一旦这个成为新的国际规则，那什么协定都不重要了——公司利益将超越国家主权利益。跨国公司可以向自己雇佣的第三方机构诉讼主权国家，申请主权国家赔偿。但是主权国家不能状告企业，也就是说这是一个单向权力。ISDS 里面还有最惠国待遇（MFN）索赔。这又是什么意思呢？打个比方，如果越南给加拿大一家企业零地价建厂，而一家美国公司付出了 100 万买地建厂。只要美国的公司发现了这个事情，它可以直接起诉越南政府，并以此索赔。看到这里，你是不是觉得和历史上晚清政府签订的那些丧权辱国的割地赔款条约有些相似呢？事实上，整个 TPP 事件的本质就是跨国公司想要做过去主权国家才能做的事情。

这就是我们所处的国际大环境。在这样一个背景前提下，我们再回过头来看美国的汇率大战。美国已经通过三轮汇率大战洗劫了拉美和东南亚，就目前形势来看，美国在新一轮的加息周期中又想把屠刀举向包括中国在内的更多国家。所以，你不难明白，为什么 IMF、世界银行都会成为以美国大公司为首的跨国公司的帮凶，而由中国主导的金砖银行想建立公平正义的国际金融新秩序，是多么举步维艰！同样，你也不难明白由中国主导的亚投行为何会被美日拒绝，而被发展中国家拥抱。在这样一个国际大环境下，我们一次又一次地向不公平的国际游戏规则发起挑战，但这并不代表我们已经足够强大，相反，美国仍然是全球经济稳定的基石，华尔街一旦"感冒"，全球经济还是要跟着一起"吃药"。

以上就是我们面临的国际投资大环境。那么投资者的机会又在哪里呢？纵观全球发达地区，我把欧洲作为首选。为什么？你会说，欧债危机不是很严重吗？德国不是借给希腊很多钱吗？是的，也恰恰是因为德国借给希腊很多钱，所以它不会让欧洲的危机蔓延和爆发。从本质上来看，这是德国在逃避自己的责任而已，我称之为"欧盟内部的转移支付"。德国目前这个阶段不会真的弃这些国家于不顾，不是道义原因，而是利益所在。当然，巴黎暴恐事件可能导致短时间内资本有回流美国的压力，我相信这是暂时的，尤其是当欧洲对中东地区政策稳定后一切还是要回到正轨。

下面我们来分析国内的投资市场。先来说说让所有人揪心的股市，相信这一轮股市的波动让所有股民记忆犹新，如今想起来仍是心惊肉跳。沪指从2014年10月的2300点一路飙升到2015年6月12日的5178.19点，然后掉头向下，一个月时间，7月8日跌到3500点，8月底跌到3000点左右。亏了也好，赚了也罢，大家都稀里糊涂的。我始终认为，虽然在外界因素的干扰下，很多事情我们是没有办法非常准确地判断未来的走向的，但是历史总是惊人地相似，你现在不去分析整个事件的本质，就无法在下一次灾难中成功脱逃。我在书中详细剖析了这次股市的波动始末，包括政策因素的拉抬作用、大户套现的下跌影响等。下次你就可以清楚地知道，哪些因素可以影响股价的波动，如何判断好股市走向。

随着中国经济增速放缓，楼市也随之步入新常态，如今的基本面表现在：价格涨，需求下跌；价格跌，需求上升。不会暴跌，更不会暴涨。而楼市的价格波动也更具规律性，我们以住宅楼为例。第一，是否具有本地特性，比如说市中心、火车站、临湖面海等；第二，是不是学区房；第三，是不是地铁房；第四，是不是刚需房。以上这四个条件，满足的越多，就表现的越常态化，也就越符合经济学规律。那些非常态化地产，比如在"鬼城"里，没学校，没地铁，也不是刚需房，就像库存的衣服，没人要的，其结果一定下跌。对此我们选取不同的一二三线城市做了详细的调查，都符合这个规律。

在金融市场，目前最大的利好是发放民营银行牌照。但是，与多数人的大加赞赏相比，我对此并不是很乐观。为什么？因为大部分民营银行并没有一个正确的指导思想，盲目地追求做大做强。民营银行面临哪些严峻挑战呢？第一，面临国有银行的垄断优势；第二，民营银行的成本比四大行高得多；第三，钱荒将成为常态；第四，低息揽储将成为历史。所以，发展民营银行的正确思路不是简单地做大做强，而是专注于四大行看不上或者服务不了的领域, 这其中泰隆银行的例子就值得我们拿来学习。另外一个蓬勃发展的行业就是 P2P 互联网金融, 它服务的也是四大行触及不到的领域。甚至从某种程度上来讲, P2P 互联网金融确立了中国的合法民间定期利率。投资者购买 P2P 产品的时候都会被清楚地告知这笔钱要用多久, 年化收益率是多少。一个规范的 P2P 平台会有第三方资金托管、担保公司担保或者平台自有资金先行赔付, 将来还可以大规模引入保险公司承保。在风险可控的情况下, 年利率能达到 10% ~ 15%。这就是中国的民间定期利率。但是要提醒投资者们注意, 随着 P2P 市场的不断壮大, 有很多不规范的 P2P 公司披着互联网金融的外衣做击鼓传花的庞氏骗局, 我们要学会判断真伪, 防范危机。

狄更斯在《双城记》中说, 这是最好的时代, 也是最坏的时代……现在来看, 在风云变幻的投资市场中, 这句话仍然适用。我们必须要时刻警醒自己, 这是一个风险与机遇并存的时代, 在追求利益最大化的同时, 要学会及时理清思路, 看清事件的本质。新一轮的投资大战即将打响, 拨开资本市场的层层迷雾, 让我们一起看清趋势, 把握先机, 赢得未来!

最后, 我要感谢人民东方出版传媒有限公司郎咸平财经工作研究室成员张晶晶等, 没有他们的初步研究, 就不会有本书的出版, 同时感谢东方出版社郎咸平项目组的团队成员对本书的出版所做的研究性编辑工作。

郎咸平

2015 年 10 月 28 日

上 篇

投资环境：
我们身处什么样的时代？

国际投资环境

第一章　大国博弈，中国如何抉择？

一、俄罗斯三大危机是如何爆发的？

2014 年的世界局势风云变幻，诡谲难料。我认为，这一切复杂局势都来源于美国与俄罗斯之间的金融大战，从年初一直打到年底。在这场金融大战中，俄罗斯显然居于下风，爆发了三大危机。2014 年 12 月 25 日普京宣布，俄罗斯的高级官员不准休假，从 2015 年 1 月 1 日到 12 日持续工作，以控制经济局势。可见，俄罗斯明显疲于招架，无力抵抗，三大危机渐次爆发。

第一个危机，严重的通货膨胀。按照俄罗斯官方公布的数据，2014 年全年消费者物价指数（CPI）是 11.5%，但是老百姓常用的物品价格同比涨幅远不止这么多，其中，半升装伏特加酒政府最低调控零售价上涨 30%，牛肉和鱼类价格上涨了 40% ~ 50%。因为俄罗斯的消费品大部分是进口，因此货币贬值幅度和通胀幅度应该基本一致，在 40% ~ 50%。另一方面，俄罗斯央行正在印钱救国企，俄罗斯最大的国有石油公司 Rosneft 12 月通过发行债券融资了 6250 亿卢布（约合 108 亿美元）。俄罗斯央行迅速将这部分债券纳入自己的可抵押品名单，这样其他银行便可使用这部分债券来作为抵押向央行换取流动性。也就是说，国企发的债券等于国债信誉，直接向市场注入货币，这么一来通货膨胀就更严重了。

第二个危机紧随其后，由于油价暴跌，俄罗斯陷入经济衰退。俄罗斯经济高度依赖能源出口，石油和天然气出口占到了俄罗斯出口总额的 67% 和俄罗斯联邦预算收入的 50%。油价暴跌给俄罗斯所带来的损失高达 1000 亿美元。根据俄罗斯联邦储蓄银行的预测，如果油价达到 104 美元一桶，俄罗斯可以达到预算平衡；如果 90 美元一桶，俄罗斯经济会开始萎缩；如果 80 美元一桶，俄罗斯必须削减开支，否则会出现危机。

2008 年石油下跌时，普京曾强硬表态说，即使油价跌到 70 美元一桶仍然能维持预算平衡。而到 2014 年底，石油价格已经跌至 60 美元一桶，普京 12 月 18 日在记者会上说"俄罗斯应当准备好迎接两年的经济衰退"。俄罗斯财政部长表示，俄罗斯经济可能在 2015 年出现 4% 的萎缩，政府预算会有相当于 GDP 3% 以上的赤字。这是非常严重的情况。当然，2015 年开始，油价已经不是 60 美元一桶了，而是 40 多美元一桶，俄罗斯还能维持吗？如果油价进一步跌到 40 美元一桶以下，我很担忧俄罗斯经济将立马全线崩溃。

第三个危机，金融海啸。俄罗斯欠西方银行近 7000 亿美元债务，其中大部分是巨型国有企业欠下的，这是俄罗斯经济的命脉。现在由于欧美制裁，俄罗斯已经不可能在欧美市场上搞新的融资，怎么办呢？那只有自己还钱了。我们发现俄罗斯的外汇储备总共只有 4000 多亿美元，除去 1720 亿美元的基金、450 亿美元的黄金和 120 亿美元的 IMF 特别提款权，俄罗斯可动用的外汇储备仅剩余大约 2000 亿美元。并且 2015 年短期债务到期要还掉 1000 亿美元，即使能撑过 2015 年，我都不晓得俄罗斯怎么度过 2016 年。所以俄罗斯经济现在非常危险，第一通货膨胀爆发，第二经济衰退爆发，第三金融海啸跟着爆发。

二、美国对付俄罗斯两大招：石油战与汇率战

对于俄罗斯的三大危机，美国是什么态度呢？2014 年 12 月 16 日，美国国务卿克里在伦敦表示，如果俄罗斯肯在乌克兰问题上做出让步，让停火协议生效的话，美国可以考虑短期之内解除这个制裁。因为俄罗斯 7000 亿美元的外债，主要是欧盟的钱。一旦出现大规模违约，欧洲金融业也会受伤，产生连带效应。当然美国是没有关系的，我们发现美国没有借多少钱给俄罗斯，也就是欧盟的一个零头。但由于考虑到欧盟，美国打俄罗斯打到现在心里面也多少有点顾忌，如果北极熊真的垮了怎么办？会把自己的兄弟欧盟也拖下水，所以这个时候是一个非常诡谲的局面。

其实，美国对付俄罗斯也就是两招，一是石油大战，二是汇率大战。美国一方面牢牢控制石油定价权，通过金融美元在期货市场上操纵油价，一方面让自己的小兄弟沙特出面。2014 年 12 月 22 日，沙特阿拉伯石油部长欧那密表示，沙特阿拉伯已经说服欧佩克成员国相信，不管价格跌到什么程度，降低产量都不是符合该组织成员国利益的做法。欧那密强调，"不管每桶是 20 美元，40 美元，50 美元还是 60 美元，都没有什么关系"。可以说，在国际石油市场上，俄罗斯毫无定价权！

石油是美元定价，美元一旦贬值，石油价格马上暴涨，这就不符合美国的利益了。所以这个时候美元必须维持强势，以打压油价。美元过于强势的结果是卢布开始贬值，从 2014 年年中到年底，卢布贬值高达 50%，使得俄罗斯大量资金外逃。根据俄罗斯央行的统计，2014 年外逃资金高达 1280 亿美元，2015 年也将会超过 1200 多亿美元。而根据欧盟

央行的数据，乌克兰危机爆发以来，俄罗斯的实际资本外流规模估计已经达到 2220 亿美元。

三、为什么人民币贬值不是我们的最优选择

那么，面对这么复杂的国际局势，中国应该怎么做？

2014 年，日元、欧元大幅贬值，大家很自然地认为人民币也应该贬值，因为可以增加出口。大家都知道，中国经济有三驾马车——出口、投资跟消费，那么出口现在碰到寒冬；投资不敢投了，因为过去投太多现在严重产能过剩了；消费短期之内不可能拉动。因此三驾马车通通不工作了，怎么办？一个非常简单的想法就是，我们要学习日本和欧洲，让人民币大幅度贬值拉动出口，拉动中国经济。但如果这时美国也急了，美元也贬值呢？那将会开启全世界主要货币竞相贬值的时代，也就是另一场货币战争了。因此这种观点在我看来是非常简单和幼稚的。

与人民币贬值以拉动出口的思路正好相反，我们能不能够通过人民币跟着美元升值，创造出一个新的有利形势，来个人民币国际化？当然可以。全球已经有 40 多个国家把人民币当成了储备货币，人民币也已经是全球第七大储备货币，在全球储备中占比 1.59%，在国际信用证和托收交易等贸易融资活动中的使用份额位列全球第二。2014 年 10 月 14 日，英国财政部发行人民币债券，人民币成为除美元、欧元、日元和加元外的第五大储备货币。10 月 12 日，据美国彭博新闻社报道，国际货币基金组织（IMF）目前正在考虑是否将人民币纳入特别提款权（SDR）一篮子货币中的一员。当前 IMF SDR 的构成货币为美元、日元、欧元和英镑，一旦 IMF 把人民币纳入货币篮子，意味着人民币和这些货币一样，成为全球储备货币。IMF 所有成员国的央行将通过持有 SDR，自动获得人民

币敞口，这将促使其他央行进入人民币市场。

当然，要成为 IMF 的储备货币，绝非这么容易的。有两大条件：第一，需要 IMF187 个成员国的大多数同意，这一点可能做得到；第二，需要 IMF 执行委员会 85% 的具有表决权权益的支持。这就很难了，因为美国就控制了其中 16.75% 的表决权，如果其他国家都同意而美国不同意，也只能争取到 83.25%，刚好达不到这个目标。

四、人民币不贬值，中国如何扭转出口颓势？

当然，如果人民币要跟着美元一起升值，中国是要承受相当大的压力的，因为目前中国的出口相当困难，人民币升值无疑是雪上加霜。中国在 2001 年加入世贸，到了 2012 年已经超过美国成为全球最大贸易国。为了对付中国，美国需要打造一个"ABC 世贸"，也就是 Anyone But China（中国排除在外的世贸），所以它成立了一个叫作跨太平洋伙伴关系协定（TPP）的组织。要加入 TPP，第一要完全开放农业，第二完全开放工业，第三完全开放服务业。美国知道中国是绝对不会完全开放农业和服务业的，因此中国是不可能加入的。TPP 一旦成功，中国每年的出口贸易至少减少 1000 亿美元。

这就是为什么习近平主席在 2013 年 9 月和 10 月分别提出建设"新丝绸之路经济带"和"21 世纪海上丝绸之路"的战略构想，沿线已经有 50 多个国家积极响应参与。这对于贸易的正面作用会非常持久，可以大大缓解中国目前的外贸压力。尤其是陆上丝绸之路，打通了中欧大动脉，连接了发达国家以及沿线各国。2011 年 3 月 19 日，重庆至欧洲的国际铁路大通道"渝新欧"全线开通，实现了全线一次装车，无需二次清关，大大节省了运费和时间。"渝新欧"集装箱每公里运价从开通时的 1 美元逐渐降至 2014 年的 0.6 美元，成本与水运基本持平，且 17 天就能把货物从重庆运到德国，而水运要 45 天。假设一个集装箱的货值为 1000 万元，1000 万元按照 6% 的年利率计算，一个月的成本就是 5 万元，折合 8000 美元。这样算下来，"渝新欧"是非常有竞争力的。

其次，中国开始积极推动亚太自由贸易区（FTAAP），以对抗标准更严的 TPP。结果就是中国提倡的 FTAAP 更受欢迎，因为标准更低，谈判更灵活。韩国目前已经和中国谈完了，2014 年 11 月 10 日，中韩两国领导人正式宣布中韩自由贸易协定谈判实际上达成一致。11 月 17 日，习近平主席访问澳大利亚期间，双方共同确认实质性结束中澳自由贸易协定谈判，澳大利亚对中国所有产品关税最终均降为零。如果 FTAAP 取得成功，整个亚太自由贸易区的体量是全世界 GDP 的 57%，远远超过 TPP，中国的出口贸易也将每年增加 1.6 万亿美元。

这就是为什么人民币不应该贬值，第一美国态度不明朗，第二我们需要人民币国际化，第三在 TPP 打击之下贬值也没有用。那我们怎么拉动出口呢，两个方法，第一个丝绸之路，第二个亚太自由贸易区。除此之外，还有一个重大决策——成立两行一金。"两行"是金砖银行和亚洲基础设施投资银行（以下简称亚投行），"一金"是丝路基金。请看图 1-1，全球国际性银行注册资本金规模。金砖银行成立时有 1000 亿美元资本金，亚投行 1000 亿美元，丝路基金 400 亿美元。三个加一起 2400 亿美元，比世界银行规模还大。而且都是由中国主导！通过两行一金，一方面，中国可以将过剩产能输出给亚洲其他国家，另一方面，也实实在在满足了亚洲国家的发展建设需求。根据亚洲开发银行的预测，在 2020 年之前亚洲国家每年基础设施投资需求高达 7300 亿美元，他们的需求正好与我们的输出相契合。

单位：亿美元

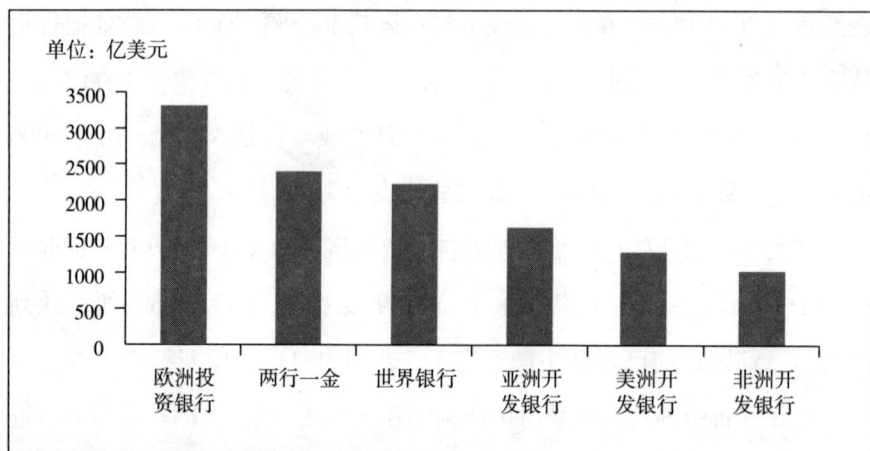

图1-1　全球国际性银行注册资本金规模

第二章 人民币意外贬值，新一轮汇率大战正在上演

一、汇率是美国国际战略的最有力武器

2015 年 8 月 11 日，人民币一次性贬值 2%，全球媒体为之惊呼。彭博新闻社网站 8 月 11 日报道，投资者没有料到中国会让其货币贬值，而且贬值幅度是 20 年来最大的一次。德国《世界报》网站 8 月 11 日报道，中国出人意料地令人民币贬值近 2%，全世界都感受到了冲击波。英国《卫报》8 月 12 日报道，中国人民银行 8 月 12 日公布的人民币中间价跌至四年来最低点。之所以出现一次性贬值是因为央行在 2015 年 8 月 11 日调整了人民币汇率中间价的报价机制。人民币实际有效汇率对多种货币表现太强，这里不过是一次性调整了这个偏差而已。

其实，看看从 2014 年到现在，主要国际货币相对美元的贬值幅度，我们反倒是最坚挺的，只贬值了 5.5%，还有很大的贬值空间。

需要指出的是，大家不要从简单的进出口数据看汇率，因为汇率从来不是由简单的经济数据决定的，它是最直接的政治！

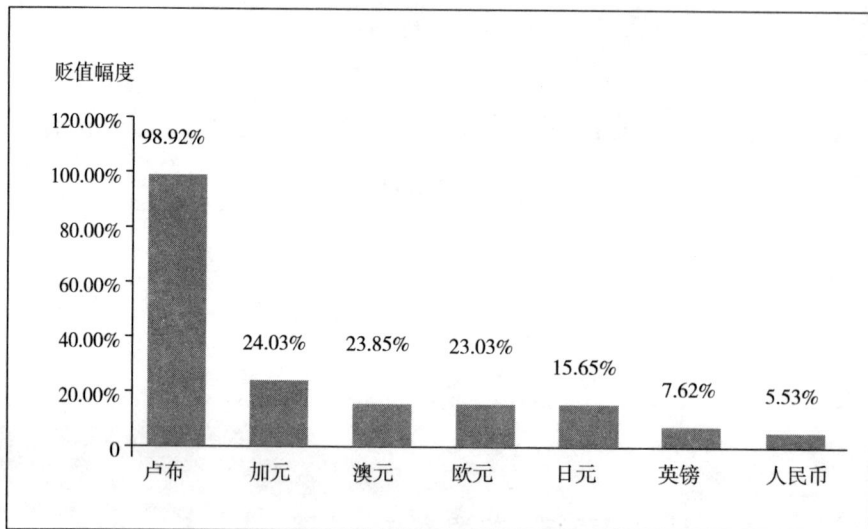

图2-1　2014.1.1—2015.8.31 主要货币相对美元贬值

　　举例，1997 年的亚洲金融危机，美国让我们贬值，我们没有听，坚持汇率稳定，帮助东南亚国家度过危机。2003 年以后，随着中国经济的发展和对外开放的扩大，美国又逼迫我们升值。理由是中国向美国出口大量廉价商品，抢走了美国的就业机会，致使美国出现巨额贸易逆差。美国威胁称若人民币不升值 30% ~ 40%，将通过立法征收中国进口商品 27.5% 的关税。最终人民币升值了。因此我们要清楚地知道，汇率是美国手中的一个工具，这个工具是配合它自己的国际战略的。

　　从 1973 年 3 月开始编撰以来，美元指数就是反映美元汇率的晴雨表。图 2-2 中可以看出，从 1971 年布雷顿森林体系崩溃以来，美元经过了两轮完整波动，现在是第三轮，美元指数正在冲高的过程中。大家不要以为这是一条简单的线，每一个周期的背后都是血淋淋的掠夺。下面我就为大家详细分析这三轮汇率大战是如何操作的。

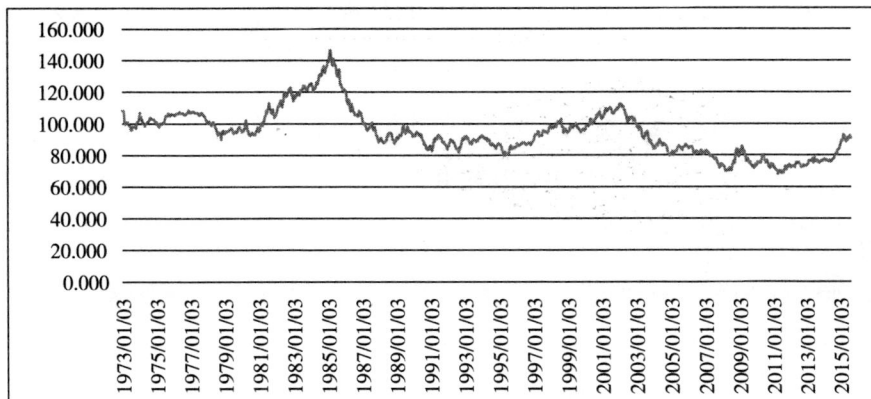

图2-2　1973—2015年美元指数

二、第一轮汇率大战（1971—1999 年），打击拉美能源出口型国家

第一步（1971—1979 年），美元贬值 27%，大宗商品价格上升，美元利率保持低水平。

从 1971 年 8 月尼克松宣布美元与黄金脱钩到 1979 年底，美元指数贬值了 27%。大宗商品如石油、贵金属、基础原材料等价格飞涨。以石油为例，1970 年原油 1.8 美元一桶，1974 年每桶 10 美元，1979 年每桶 20 美元，1980 年每桶突破 30 美元。这个时期，拉美以出口原材料为主的经济一片辉煌，以墨西哥为例，1970 年代墨西哥的经济年均增长率达到了 6.5%。

同时，美元利率保持低水平。1970 年初美元利率只有 4%，1979 年达到 11.2%。不要以为 11.2% 的利率很高，1970 年美国通胀率最高达 13.5%，同期美国国债利率为 11%，这意味着即使购买债券每年也会损失 2.5%。正是由于美元的低利率，以墨西哥为首的拉美国家大举借入美元，墨西哥在这一时期债务总额增长近 20 倍。

第二步（1979—1985 年），美元升值 54%，利率大幅上升，大宗商品价格下跌，美元回流。

1979 年底，美元指数从 95 点一路上升，到 1985 年的 146 点，上升 54%。1979 年，保罗·沃尔克任美联储主席以来，不断提高利率，1981 年 6 月，联邦基准利率调升到 21.5%。一年后的 1982 年 7 月，美国通货膨胀率从 13% 下降到 4%。大宗商品价格回落，原油价格从原来的 30 多美元一桶一路跌到 1986 年的 10 美元一桶。同时美元大规模回流，原因是美股回报节节攀升。道琼斯指数从 1979 年底的 850 点一路上升到 1985 年底的 1500 点，1987 年达到 2000 点。

美元回流、大宗商品价格下跌，这给拉美国家带来了灾难性的影响。墨西哥首先爆发危机。1982 年 8 月 12 日，墨西哥因外汇储备不足，无法偿还到期的 268.3 亿美元的公共外债，宣布无限期关闭汇兑市场。墨西哥之后，巴西、委内瑞拉、阿根廷、秘鲁、智利等国也相继发生还债困难，纷纷宣布终止或推迟偿还外债，这就是当时震惊世界金融业的拉美债务危机。1982 年底，整个拉美地区的外债余额超过 3000 亿美元，其中阿根廷就占 930 亿美元。1983 年，阿根廷需要将货物和劳务出口的 54% 专用于支付外债利息；巴西需要 40%；墨西哥需要 35%；智利和秘鲁大约各需要 33%。拉美陷入了著名的"失去的十年"。

第三步（1985—1999 年），开出私有化药方，美元重新开始贬值。

1985 年 10 月，以解决拉美债务危机为由，美国财政部长詹姆斯·贝克在韩国汉城召开的 IMF 和世界银行第 40 届年会上提出了"贝克计划"。该计划要求，拉美国家必须私有化能源、铁路、航空、通信等行业的国有企业，同时将自然资源、基础设施私有化，实行彻底的贸易自由化、金融自由化。1990 年，美国政府、IMF 和世界银行联手，利用贷款的附加条件落实了这一措施，强制拉美国家进行新自由主义的经济改革。

拉美国家大规模的私有化自此开始。1988 年，卡洛斯·萨利纳斯当选墨西哥总统后首先掀起私有化浪潮，新政府拍卖酒店、航空、钢铁、制糖等国企。1990—1999 年，整个拉美 500 强企业中，外资企业由 1990 年的 149 家增加到 1999 年的 230 家。

我们以阿根廷为例。在 1989 年改革前，阿根廷政府掌握着电信、石油、银行等主要大企业。十年后，阿根廷政府几乎卖光了战略性行业的国有企业，包括开采油气资源、通信、电力、公用事业以及核电站，甚至还有港口、码头、飞机场、火车站。国家掌握的仅剩下国家银行、造币局和电视台等少数企业。在 1989—1999 年间，阿根廷 10 家最大企业中，有 7 家是跨国公司控股；全国 100 家大企业中，以阿资为主的企业仅剩 7 家。2000 年，跨国公司已控制阿根廷出口总额的 90.4% 和进口总额的 63.3%。1999 年阿根廷最大的国有企业——石油矿藏局 98.02% 的股份被卖给西班牙雷普索尔石油公司后，阿根廷 90% 的燃料供应掌握在 4 家外国公司手里。

在私有化进程期间，拉美社会危机一再恶化。比如很多国家供水基础设施私有化后，水价连续 20 年上涨，超过一半的居民消费不起日用水。

三、第二轮汇率大战（1986—2001 年），打击资本进口型国家

第一步（1986—1996 年），美元贬值 27%，大宗商品价格稳定，美元利率稳定在 4% 左右。

从 1986 年开始，美元进入贬值周期，美元指数从 1986 年初的 120 一路下跌到 1996 年底的 88，下跌了 27%。1984 年 6 月 30 日，泰国宣布实行"一

篮子货币"的汇率制度，其中美元份额占了80%以上，日元11%～13%，其他货币不超过10%。显然，泰铢对美元汇率基本固定，维持在1美元兑换25泰铢左右的水平。由于美元贬值，泰铢实际有效汇率大幅下降，提高了泰国的出口竞争力，推动了泰国经济发展。在此期间，泰国GDP以每年超过8%的速度增长，成为令世界瞩目的亚洲奇迹。1986—1994年，泰国制造业出口年增长30%，制造业出口占总出口的比重由36%上升到81%，制造业占GDP的比重从22%增加到29%。同时，房地产泡沫开始出现，1993—1996年，泰国的房地产价格上涨了近400%。

因为这一时期美国正在收割拉美的胜利果实，同时打击能源出口国苏联，所以这段时期大宗商品没有大幅涨价，国际原油价格基本稳定在每桶20美元之下。

第二步（1996—1998年），美元升值20%，大宗商品价格稳定，美元利率维持在3%左右。

从1996年开始，美元开始进入升值周期。美元指数从1996年1月的86点一路上升到1997年7月的95点，涨幅10.5%。泰铢汇率也紧跟美元不断走强，出口竞争力随之削弱。1996年，泰国出口增长率从1995年的24%下降到3%。出口下降导致泰国逆差迅速扩大，贸易赤字达到162亿美元，占国民生产总值的9.1%，超过8%的警戒线。当时美国联邦基准利率为3%。为了弥补大量的贸易赤字，满足国内过度投资的需求，泰国借入大量外国资本，而且大量流入了泰国的房地产、股票市场。1996年泰国借入外债达930亿美元，和1992年比翻了一番，泰国经济已显示出危机的征兆。

1997年3月，索罗斯等金融大鳄断定泰国不能继续维持原来的汇率，于是发起第一轮猛攻。1997年7月2日，泰国宣布放弃固定汇率制，7

月 11 日，菲律宾宣布放弃固定汇率，8 月 14 日，印尼宣布实行浮动汇率。一场遍及东南亚的金融风暴爆发。与此同时美元继续升值，1998 年 8 月达到 104 点，比 1996 年 1 月上涨了 20%。金融危机在东南亚更大范围全面爆发，菲律宾比索、印尼盾、马来西亚林吉特土崩瓦解。

　　第三步（1998—2001 年），开出私有化药方，收割胜利果实。

　　危机发生后，东南亚诸国向 IMF 求助。IMF 开出的条件很简单，要贷款可以，必须同意三个条件：削减政府开支，实行紧缩货币政策，私有化国企。其中最后一条私有化国企，让东南亚国家的命脉产业，包括金融、石油、电力、矿产、电信等统统私有化，国家的经济控制权掌握在了以美国公司为首的跨国公司手中。例如，金融危机后的 1998 年，印尼 12 个主要国有企业进行了私有化，包括电信、采矿、水泥等支柱行业国企。金融危机后的 20 个月内，西方跨国公司在东南亚进行了 186 起并购，这是 50 年来东南亚最大规模的资产转移，东南亚国家经济腾飞的成果完全被西方跨国公司窃取了。

　　大家可能不知道，其实东南亚金融危机本来完全可以避免。1997 年 7 月，金融风暴首先从泰国开始，8 月 7 日，IMF 在东京召开了会议，会议决定每个主要亚洲国家政府都出 10 亿美元，最后凑了 170 多亿美元贷给了泰国政府。如果事情到这里结束了，那么 IMF 做得还算挺好，可问题是这 170 多亿美元是附带条件的，而且这个条件是致命的。美国要求泰国如果接受这笔借款，就必须公开中央银行的表外负债。美国这么神通广大，会不知道泰国有多少负债吗？结果泰国只好公布自己的表外负债为 234 亿美元。于是所有投资者都明白泰国已经没钱了，即使把这 170 多亿借给它也是不够的。你是投资者你会做什么呢？当然是首先把自己的钱提出来，避免更大的损失，于是泰国的金融危机不可避免地发生了，并快速蔓延到东南亚其他国家。

当时日本提供了泰国海外借款的 54%，提供了印尼海外借款的 39%，提供了马来西亚海外借款的 36%。贷款规模决定了一旦发生危机，日本银行不可能全身而退。所以日本最不愿意看到这种情况，日本政府必须阻止金融危机的爆发。它提出不要条件，直接援助，并提议成立一个 1000 亿美元的亚洲担保基金。1000 亿美元救泰国绰绰有余，但是美国财政部和 IMF 严厉反对这个计划，用尽各种手段阻挠这个提案的实施。日本最终因对抗不了美国而不得不放弃，挽救东南亚金融危机的最后一丝机会被美国熄灭。说到底，只有爆发危机才能在东南亚推销"经济改革"的三把火，才能趁火打劫。

四、第三轮汇率大战（2001—），同时打击能源出口型、资本进口型国家

第一步（2001—2014 年），美元贬值 36%，大宗商品价格上升，美元利率下跌。

从 2001 年开始美联储连续 13 次降息，创下了 1981 年以来"最为猛烈的降息轮回"。美元指数从 2001 年底的 110 点开始回落，一路下跌到 2008 年金融危机前的 70 点，36% 的降幅可谓史无前例，带来的后果大家都知道。美元利率可以忽略不计，基本是 0.3% 左右，2008 年之后又降到 0.25%。2001 年美联储资产负债规模 0.61 万亿美元，2008 年是 2.26 万亿美元，经过几轮量化宽松，2014 年底已经达到 4.5 万亿美元。这就完成了向全球撒美元的步骤。

随之而来的是能源价格一路飙升，以原油为例，2003 年初破 30 美元每桶，2004 年 9 月连破 40 美元、50 美元每桶，2005 年 6 月 60 美元每

桶、8月70美元每桶，2007年90美元每桶，2008年7月14日达最高点147.27美元每桶。俄罗斯、印度、澳大利亚、委内瑞拉、巴西、智利、秘鲁、哥伦比亚、沙特等十个主要能源和大宗商品出口国直接受益。

由于美元的廉价，各新兴经济体开始大规模借入外债来发展经济。据IMF统计，在2008年金融危机后，新兴市场的非金融类企业的海外发债规模出现了急剧飙升。根据国际金融协会测算，2014—2018年，所有新兴国家需要展期的企业债务将达到1.68万亿美元。如印度的短期外债占全部外债的比例从2009年的23%上升至2013年的30%，超过25%的国际警戒线。如果美元进入升值通道，新兴经济体债券展期成本将显著上升，债务风险将扩大。

第二步（2014—2015年），美元升值20%，大宗商品价格下跌。下一步如果开启加息，美元利率将进入快速上升渠道。

2014年10月，美国停止量化宽松，进入升值周期。2014年1月1日至2015年8月31日，美元指数上涨19.7%。加上美国股市好转，19个最大新兴市场经济体的资本净流出总量达到9402亿美元，是2008—2009年金融危机时的两倍。摩根士丹利用"麻烦十国"来形容十个因此面临最大风险的经济体货币：南非兰特、巴西雷亚尔、泰铢、新加坡元、新台币、智利比索、哥伦比亚比索、俄罗斯卢布、韩元、秘鲁索尔。

与此同时，大宗商品指数下跌43.7%。全球大宗商品市场价格创16年新低，这将对"原料十国"带来严重打击。拉美最大经济体巴西正陷入自20世纪30年代以来的最长衰退期，仅2014年一年，巴西雷亚尔兑美元汇率就贬值了35%。拉美地区最大的石油出口国委内瑞拉陷入恶性通胀，基本生活用品短缺，经济正在崩溃。投资者几乎确定委内瑞拉会对其美元债务违约。哥伦比亚因为石油和煤炭价格下跌而问题重重，在2014年2月至 2015 年 2 月的 12 个月内，哥伦比亚比索兑美元汇率贬值了 36%。

图 2-3　2014 年 2 月—2015 年 2 月标普大宗商品指数 & 美元指数

第三步，收割胜利果实。美国不会把同一个战略用两次，但是很可能会大举收购危机地区的廉价资产，美国的企业已经准备好了，就看美联储什么时候出手。

目前美联储资产负债表上有 4.5 万亿美元负债，同时美国股市不断高涨，上市公司手中现金非常充沛，2014 年仅仅回购股票和红利派发就超过 1 万亿美元。穆迪的统计显示，截至 2015 年 5 月，美国前 50 大企业持有 1 万亿美元的现金，全部上市企业持有 1.73 万亿美元现金。这些钱 64% 都存放在海外，约 1.1 万亿美元。更关键的是，有了高股价，在需要收购的时候也很容易就能拿到更多的现金。因此现在的美国企业已经磨刀霍霍，只等美联储加息以后其他国家的危机到来。

在这种情况下，中国面临的最大风险有两个：

第一，美元加息后，中国国内的美元资本回流问题。大量资本撤出后对我们有什么影响，值得领导们好好考虑，况且目前还有大量地下钱庄脱离监管。

第二，无论是卖东西的"原料十国"，还是爱借钱的"麻烦十国"（其中有 5 个国家是重复的），中国都和它们有大量贸易往来，这 15 个国家里面，除了哥伦比亚、泰国、沙特，其他 12 国的最大贸易伙伴都是中国。如何应对它们面临的危机，非常考验我们领导人的智慧。

第三章　金砖银行，国际金融秩序的挑战者？

一、成立金砖银行，西方为何震惊？

2014年7月15日，"金砖五国"中国、俄罗斯、印度、巴西和南非在巴西福塔莱萨签署协议，成立金砖国家开发银行（简称金砖银行），并建立金砖国家应急储备安排。金砖银行总部设于上海，首任行长来自印度。初始认缴资本500亿美元，各国均摊，平均分配股权和投票权。西方媒体一致的看法是——这是新兴国家在挑战"二战"后以美欧为首的金融秩序。

首先，我来简单罗列一下西方各大媒体的报道：

美国彭博社称，金砖国家"造了西方主导的国际金融体系的反"，亮出了"威胁和讨价还价的筹码"。德国《图片报》7月16日称金砖国家开发银行和应急储备基金为"新的超级银行""迷你国际货币基金组织"。法国《新观察家报》称，金砖国家开发银行和应急储备基金的设立，"奠定了新兴国家挑战西方金融霸权的第一块基石"。瑞士《新苏黎世报》称，金砖银行是"错误的药方"，因为贷款可能流入错误的基础设施项目。

西方媒体热议这个话题，说明我们做了一件让西方震惊的事情，而且目前看来是对的事情。为什么要这么做？因为现有的国际金融秩序严重忽视新兴国家的利益。当初在布雷顿森林会议上，美英两国达成的协议是由欧洲人担任 IMF 总裁，由美国人担任世界银行行长，根本没我们什么事儿。想要用他们的钱，条件之苛刻难以想象。

二、世界银行用"邪恶三板斧"欺压发展中国家

下面我就和大家谈谈世界银行的"邪恶三板斧"，看看西方国家是如何利用世界银行欺压第三世界国家的。

第一板斧：大企业的马前卒。在一般的发展中国家，世行都是这么要求的：凡是利用世行贷款的项目必须进行国际招标，世界银行必须控制整个项目的设计、设备采购、合格验收等，合同金额超过 1000 万美元的还要刊登在联合国《发展商业报》上。因为控制权在世界银行手里，所以世行几乎可以完全决定用谁的机械设备。最后中标的只能是德国、美国的企业，不可能是印度或者中国企业。所以世界银行成了发达国家产业资本的买办，成了他们的设备代理商。这样，借着世行贷款，发达国家的大企业就能轻松获得谈判根本谈不来的实惠。

比如说，自来水行业，一般都是公共事业，不应该私有化。可是亚洲金融危机以后，世行就借机敲诈印尼，把援助贷款和私有化挂钩。1997 年，印尼首都雅加达的国营自来水公司交由苏伊士集团和泰晤士供水集团控股。而在 1999 年，给印尼的贷款就规定了印尼必须立法加快全国供水产业私有化，不再仅仅满足于首都一个地方。

第二板斧：华尔街的帮凶。世界银行赚钱的方式主要有两种。一是传统借贷。世行所有的贷款都是你借什么货币就必须还什么货币，所以世行自己没有汇率风险，并且各国都要以主权信誉为担保。如果哪个国

家胆敢欠世行的贷款不还，这个国家的外债一夜之间就会变成废纸。所以世界银行拥有世界上最高的信用评级，也拥有世界最低的融资成本。比如说世行发行人民币债券，利息竟然只有 0.95%，比我们财政部和国家开发银行还低。世行发行美元债券的利息也就 2%，但是成员国如果向世行借美元，则要按照 6.3% 的利率来还，所以世行是稳赚不赔。

世行低息圈来的这些钱可不只是兴修水利、修路架桥。世行还用这些钱从事投机生意，这是它第二种主要赚钱方式。世行里负责这个业务的分支叫国际金融公司（IFC），这个公司在中国就和 PE 差不多，靠投资包装企业上市来赚钱，中国很多上市公司它都投过，如上海银行、南京商业银行、新华人寿、锦湖轮胎、大自然地板等。

第三板斧：战争贩子的工具。世行动辄成为美国发动经济打击的工具。最典型的就是伊拉克战争的总设计师、前美国国防部副部长保罗·沃尔福威茨，他在担任世行行长后立马开始推行必须以反腐败为条件发放贷款。于是不到两年时间里，沃尔福威茨决定，暂停向乍得、肯尼亚、刚果发放世行贷款。2005 年 9 月，沃尔福威茨甚至根本不经过董事会讨论就自行做出决定，称因为反腐败不力，暂停对乌兹别克斯坦的援助。此举的真正目的是替美国打击报复，因为就在 2005 年 7 月，乌兹别克斯坦政府要求美国撤出其驻乌军队，不再为美军打击阿富汗境内武装分子提供空军基地。

三、IMF 用"邪恶三把火"乘火打劫发展中国家

再来说国际货币基金组织。同样的，IMF 也经常烧"邪恶三把火"，然后乘火打劫。IMF 成立的本意是在成员国经济陷入危机时出手相救的，但实际上 IMF 的救援要附带很多条件，这就等于说拿着大家的钱谋自己

的私利，而不是真的要救火。IMF 救援的附加条件通常有这三把火：第一把火，经济紧缩；第二把火，金融开放；第三把火，私有化。通常这三把火都是一起放，但是为了让大家看得更清楚，我把它拆解开来一一说明。

第一把火：经济紧缩。如 1997 年，亚洲爆发了非常严重的金融危机，韩国为了保护韩元，希望日本帮忙。但是当时的日本也已经陷入危机，自顾不暇。韩国没办法，就向 IMF 求助。最后，IMF 答应给韩国 570 亿美元的援助，但是附带了两个条件，其中一条就是要求韩国上调利率，实行紧缩的经济政策。这一招非常狠，提高利率就意味着从银行借钱的企业要还高得多的利息。在之后的七个月内，韩国贷款利率一度高达 30%，导致本来就不景气的企业，因为还不起钱，只好倒闭。据统计，在此期间韩国共有 2.5 万个企业倒闭，失业人口达到 200 万。各位要晓得，当时韩国的劳动人口一共才 2000 万，等于说失业率达到了 10%。

再如，1997 年 11 月 5 日，印尼扛不住国内的经济危机，决定接受 IMF 三年期 100 亿美元贷款，条件是削减政府开支和汇率浮动。其中因为削减对穷人的食品和能源补助导致国内出现暴乱，苏哈托总统没办法，不得不重启补贴。在这么紧急的情况下，IMF 竟然以印尼违约为理由立刻停止贷款，借机敲诈印尼。印尼不得不坐下来和 IMF 重新谈判。谈判的结果是，印尼可以继续进行食品和能源补贴，而且贷款增加到 420 亿美元，但是条件更狠了：第一，印尼政府不能为国内企业 740 亿美元的国际债务提供补贴和担保，任由它们在国际市场上蔓延，好让 IMF 可以在更多国家打劫；第二，必须在 1998 年之内把 12 个主要的国有企业私有化，包括电信、采矿、水泥等支柱行业。危急之下，印尼被迫全盘接受。

第二把火：金融开放。1997 年金融危机，韩国接受 IMF 贷款的第二个条件就是金融开放，这实际上是用相当一部分金融主权换取贷款援助。为此，韩国公众把 1997 年 12 月 3 日这个与 IMF 签订贷款援助协议日定为"国耻日"。

IMF 开出的金融开放条件完全是"休克疗法"，它让韩国的金融业惨遭外资低价洗劫。就拿韩国第一银行来说吧，1999 年，这个银行在金融危机里已经损失了 10 亿美元。金融业完全对外开放以后，美国一个叫新桥资本的私募证券投资基金站出来说，它愿意出 5000 亿韩元（在当时相当于 4.35 亿美元）收购韩国第一银行 51% 的股份。这笔交易成功后，新桥资本获得了韩国第一银行全部的管理权。到了 2005 年，新桥资本把手里的韩国第一银行股份倒手卖给了渣打银行，卖的价格高达 34 亿美元，相当于买进价的 7.8 倍。新桥资本从中狠狠地赚了一笔。我们可以再回顾一下这整个过程，不难发现，IMF 完全是在给美国金融大鳄打前锋。

韩国金融业的全面开放，后果非常严重。我们可以通过一组数据对比一下：20 世纪 90 年代中期，也就是亚洲金融危机爆发之前，外资控股韩国金融业的比例只有 10%；但是到了 2004 年，这个比例涨到了 44%；到了 2008 年，韩国银行业外资持股比例竟然已经高达 73%。后来这个比例有所降低，但目前仍旧在 40% 左右。韩国金融开放不是个案，所有发展中国家要获得 IMF 的贷款都要接受这个条件——开放金融市场。印尼、泰国无一例外。

第三把火：命脉产业私有化。这是 IMF 援助的结果。我在上一章已经提到过，东南亚金融危机后的 20 个月内，西方跨国公司在东南亚进行了 186 起并购，这是 50 年来东南亚最大规模的资产转移，东南亚国家经济腾飞的成果完全被西方跨国公司窃取了。这使我们更清楚地看到，IMF 不是真的要救处于危机中的国家，而是以援助为名，开出私有化和汇率自由的"药方"，将目标国家的命脉产业金融、石油、电力、矿产、电信等私有化，这样目标国家的经济控制权就牢牢掌握在了西方跨国公司之手。

　　那么，如果危机国家不接受 IMF 的援助呢？马来西亚就认为 IMF 提出的条件严重侵犯自己的经济主权而没有接受 IMF 补贴，于是美国在马来西亚国内支持反对派，引发政治斗争。马来西亚副总理安华带头支持 IMF 提出的解决方案，在 1998 年的亚太经合组织峰会上，美国副总统戈尔当着马来西亚总统马哈蒂尔的面发表演讲支持安华。

　　1998 年 7 月，马来西亚政府不顾 IMF 反对，宣布实施刺激财政支出的政策，这和 IMF 开出的紧缩药方恰恰相反。1998 年 9 月 2 日，副总理安华被革职，马来西亚政府宣布实施资本管制，限制外资撤出马来西亚，人为下调林吉特兑美元汇率。这些政策就像重磅炸弹，激起 IMF 及西方世界的一致反对。格林斯潘说，"这是一个武断的错误"，"现在没收部分或全部外国投资者资本和收益的一个直接后果，就是未来新增外国投资的急剧下降"。但外汇管制让马来西亚政府重新掌握了货币政策主导权，为后面的低利率、低通货膨胀率铺平了道路。

　　结果，在亚洲金融危机后，马来西亚在东南亚经济体里最先恢复元气，也是受冲击最小的。按照购买力平价计算，印尼 GDP 在 2001 年才恢复到危机前的水平，而马来西亚没接受一分钱援助，在 1999 年就已经恢复了。并且，从危机后通货膨胀率来看，印尼 1998 年和 1999 年官方公布的通货膨胀率高达 58.39% 和 20.49%，而马来西亚 1998 年和 1999 年通货膨胀率仅 5.27% 和 2.74%。1998—2007 年的 10 年间，印尼的年平均通货膨胀率为 14.88%，而马来西亚的年平均通货膨胀率仅仅为 2%。

四、金砖银行为中国带来哪些新契机？

可以说，金砖银行的成立，是发展中国家为争取更加公平的国际金融秩序走出的重要一步。从组织结构看，世界银行和 IMF 的一把手是由美国和欧洲分别控制，而金砖银行是大家轮流坐庄。从股权结构看，世界银行和 IMF 完全被美欧所控制，而金砖银行股份是大家均摊，每个国家各占 20% 股权。

那么，金砖银行为中国发展经济、提高国际金融地位提供了哪些机会？

第一，商业银行借机出海。金砖银行初始核定资本金是 1000 亿美元。而欧洲投资银行为 3310 亿美元，世界银行 2230 亿美元，亚洲开发银行 1630 亿美元，美洲开发银行 1290 亿美元，非洲开发银行 1030 亿美元，相比较而言，金砖银行是规模最小的。但是我们在操作上完全可以借鉴世界银行和 IMF 的方法。世界银行和 IMF 之所以强大，很大程度在于它们总是会为商业银行及资产管理公司提供指引，以引导资金流向那些从华盛顿获得借款批准的国家。现在有了金砖银行，我们也完全可以通过学习这套规则让国内的商业银行走向世界。

第二，为过剩产能找到海外市场。在金砖国家当中，我们在基础设施建设上经验最为丰富。相对而言，巴西、南非、俄罗斯、印度的基础设施缺口很大，市场需求受制于融资瓶颈。而金砖国家之外的广大发展中国家情况更是如此。因此，金砖银行可以推动这些国家的基建项目，这也是分享中国经验的好机会，与中国"走出去"战略相符合。

我来举几个例子。水泥是典型的国内产能过剩而非洲需求旺盛的产业。目前，全球水泥产量约为 22 亿吨，其中中国的产量已占到 44%。因此水泥产业成为中国政府严格控制产能的产业之一，已暂停新项目上马。

而非洲基础建设正如火如荼地展开，对建材尤其是水泥的需求非常旺盛。据全球增长咨询公司弗若斯特沙利文发布的《南部非洲水泥产业生产和投资展望》预测，南非、赞比亚、津巴布韦等国在 2013—2018 年将有9.4 亿美元投入水泥产业。而据台湾《中国时报》称，非洲总共 9 亿人口，水泥产能还不到 1 亿吨，这使得非洲的水泥售价很高，普通硅酸盐水泥1 吨的价格在 200 ~ 400 美元，相当于中国大陆的 6 倍。在这种形势下，中国水泥厂商纷纷走出国门，抢滩非洲。

另一个例子是中国高铁。高铁项目作为基础建设的重要工程，需要大量的资本运作，新成立的金砖银行便是最大的利好，促进了金砖五国之间的合作，为基础设施建设方面的融资提供了有力保障。虽然我们的高铁技术也是成套买来的，但毕竟我们已经消化吸收了，开始了自主研发，并且成本优势明显。由世界银行发布的题为《中国高速铁路：建设成本分析》的报告指出，中国的高铁建设成本至多只有其他国家的三分之二。李克强总理在外事访问中多次推销中国高铁，一方面是在我国日益完善的铁路格局中寻求行业发展的机遇，另一方面符合对外经济战略的部署，其中泰国、土耳其、巴西等国家已经签订了意向协议。

第三，推动人民币国际化进程。金砖银行为人民币提升国际影响力创造了一个通道。首先，金砖银行可以提供基础设施方面的贷款指引，这就等于国内的商业银行获得了走向世界的通行证。很自然，基建贷款必须用人民币，因为这些基建公司原材料的获得、工人工资等所有上游环节都是以人民币结算的。除了基建贷款，金砖银行还需要承担一些一般意义上的商业银行相关业务，比如说贸易结算，包括其他资金业务、资产运营业务等。通过贸易结算业务，可以不断扩大人民币在贸易结算中的份额，这也是加快人民币国际化进程的一个重要方面。

当然，人民币国际化是一个长期工程，不可能一蹴而就，对此我们应该时刻保持清醒。目前全世界只有0.01%的央行外汇储备是以人民币形式持有的，相比之下美元所占的比例为60%，而欧元则为25%，如图3-1所示。美元的地位短时期内不可撼动，目前美元仍是美国主导现有国际金融体系的核心和基础，短期内仍难以出现能够对抗甚至替代美元的新货币。

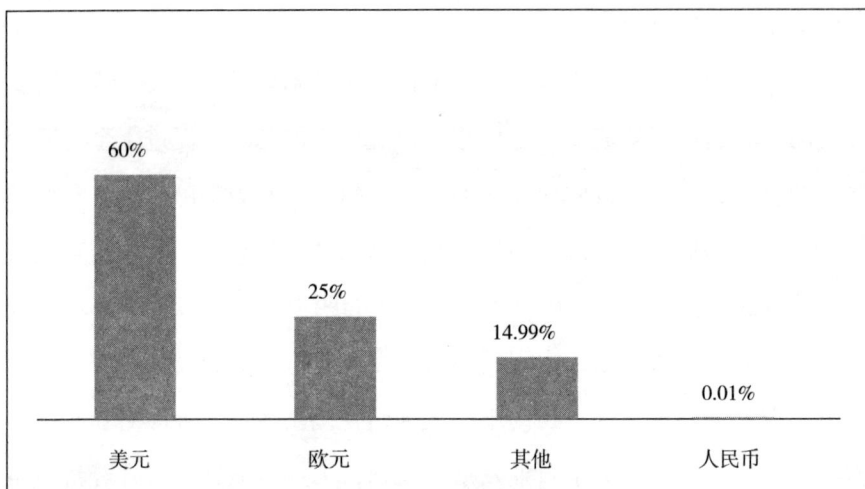

图3-1　全世界央行外汇储备

第四章　亚投行来了！

一、为什么美国、日本不欢迎亚投行？

亚洲基础设施投资银行（以下简称亚投行）最早是在 2013 年 10 月 2 日，由习近平主席提出筹建倡议，于 2014 年 10 月 24 日，由包括中国、印度、新加坡等在内的 21 个国家的财长和授权代表在北京签约决定成立。这 21 个国家也就成为了亚投行的首批意向创始成员国。

我们中国这次可以说是独领风骚。因为亚投行是我们中国倡议主导的，所以美国极力反对，劝说其盟友如英、法、德等一些国家不要加入。美国总统奥巴马在 2015 年初的国情咨文中直接说，中国正希望为世界上发展最快的亚太地区制定游戏规则，美国将力阻北京，敦促盟友不要加入亚投行，以保美国利益。但是结果呢？中国在这方面取得了完胜。2015 年 3 月 12 日，英国率先宣布决定加入亚投行，目的是要维护自己金融中心的地位，输出金融游戏规则，而且英国也的确长于此道。3 月 16 日，法国、德国和意大利决定加入亚投行，主要目的是要输出自己的基建设备。亚洲国家更不用说了，要搞基建，它们是最大的受益者，对亚投行当然非常欢迎。

截至 2015 年 4 月 15 日，亚投行意向创始成员国确定为 57 个，其中域内国家 37 个、域外国家 20 个。在 5 个联合国安理会常任理事国中，仅有美国未表态加入。全球前十大经济体中，只有美国和日本未申请加入，这意味着美国的封杀根本没起作用。那么，为什么亚投行受所有人欢迎，而美国、日本却不欢迎呢？因为首先亚投行挑战的是美国的国际金融主导权，其次亚投行是亚洲开发银行的直接竞争者，而亚开行是日本人主导的。

2015 年 6 月 29 日，《亚洲基础设施投资银行协定》签署仪式在北京举行，亚投行 57 个意向创始成员国财长或授权代表出席了签署仪式，各方商定将于 2015 年底之前，经合法数量的国家批准后，《协定》即告生效，亚投行正式成立。

二、亚投行会步世界银行或 IMF 的后尘吗？

但是，就在国内媒体的一片叫好声中，我却感到忧心忡忡，为什么？在上一章中我总结了世界银行的"邪恶三板斧"和 IMF 的"邪恶三把火"，也就是为什么现在世界银行跟 IMF 是如此恶名昭彰。现在需不需要一个全新的世界级的金融机构来取代它们呢？当然有这个必要。因此亚投行本身就占得天时地利人和。但是我很担心，如果操作不当，亚投行可能会变成第二个世界银行，或者是第二个 IMF，被欧美所掌控。下面我就来谈一谈，欧美是通过什么手段牢牢控制住世界银行和 IMF，从而为它们自身利益服务的。

第一，否决权。美国在世界银行控制着 15.85% 的表决权，在 IMF 有 16.75% 的表决权，这两个数字，意义非常重大，为什么？因为世界银行和 IMF 的重大决议都必须达到 85% 以上的支持率才能通过，而只要美国否决，就绝对达不到 85%，因此美国可以用一票否决权，牢牢控制这两个机构。

第二，人事权。世界银行的行长一定是美国人，而且和美国政府、华尔街关系密切。在这里我简单列举一下最近几届世行行长的背景：第十一届行长佐利克，前美国贸易首席谈判代表，高盛集团副董事长；第十届行长保罗·沃尔福威茨，前美国国防部副部长，伊拉克战争总设计师；第九届行长詹姆斯·戴维·沃尔芬森，前华尔街投资银行家；再往前，是很有名的麦克纳马拉，是前美国国防部部长，越战总设计师。现在美国让金墉这个医生当了第十二届世行行长，这和林毅夫当首席经济学家是一个道理，都是亲善形象大使，目的是要改善世行在亚非拉群众心目中的形象。同样的，IMF 的主席也一定是欧洲人。

第三，规则制定权。这里有两点，也是对其他国家非常不公平：

第一点，国内法国际化。例如 2010 年 10 月 23 日，20 国集团财长和央行行长会议就 IMF 份额改革达成"历史性协议"，确定将 6% 的投票权转让给新兴国家。这么一来的话，美国就没有了一票否决权，可是美国国会到今天都没有批准这个协议，这就是典型的将美国国内法国际化。

第二点，预留操作空间。我以设备采购为例，世界银行的采购指南中第 248 条规定："合同应该授予评标价最低的投标，但不一定是报价最低的投标。"所谓评标价，是以投标报价为基础，综合考虑质量、性能、零部件供应能力、环境效益等各种因素，将这些因素折算为一定的金额加到投标报价中，最终得出评标价。在国内这种评标价法一般只用于标准定制商品，但是世行在很多项目中都用这一条。这种评标价法很容易暗箱操作，使得中标的基本都是欧美企业，它们的中标额占了世界银行项目总招标额的 80%。

三、为什么中国决不能放弃亚投行主导权

今天，中国主导的亚投行改变了过去的游戏规则，欧美如果想要控制亚投行是很难的了。反过来说，要彻底杜绝欧美势力对亚投行控制权的侵蚀，我们中国也必须像欧美掌控世行和 IMF 那样，牢牢掌控亚投行，否则不如不做。对于亚投行的控制权，中国不能打马虎眼，不能和稀泥，而是必须清楚地告诉其他参与者：中国的核心利益是什么，这才是最安全的外交方法。比如说我们国家在联合国经常投弃权票，但其实弃权是最差的外交方法，人家并不知道你想干什么。像美国就讲得非常清楚，美国认定的标准只有一个：美国的国家利益。现在问题来了，亚投行的意向创始成员国高达 57 个，这么多国家参与进来，我们应如何把握亚投行的主导权？下面我还是从否决权、人事权和规则制定权三个方面来谈。

先谈否决权。《华尔街日报》2015 年 3 月 24 日报道，据参与亚投行组建工作的人士透露，过去几周，中国的谈判代表向美国在欧洲的一些最坚定的盟友，表达了中国放弃否决权的立场。报道评论，这项提议对于促使英国、法国、德国和意大利打破与美国的一致立场，并申请成为亚投行创始成员国起到了关键作用。然而，我个人对中国放弃否决权是完全不能同意的。还好，3 月 25 日，亚投行首席谈判代表会议主席、中国财政部副部长史耀斌回应称："中国在亚投行成立初期占有的股份和获得的投票权，是根据各方确定的规则得出的自然结果，并非中方刻意谋求一票否决。今后，随着新成员的加入，中方和其他创始成员的股份和投票权比例均可能被逐步稀释。"

亚投行各成员国的持股比例是根据各国 GDP 的比重来决定的，如果美国、日本都加入，各位知道会出现什么情况吗？请看图 4-1 以及合并数据后得到的图 4-2。结果是，中国的持股比例将降为 15%，而美国将持

股 26%，欧洲将持股 30%，日本将持股 8%。我们把美国和欧洲加在一起是 56%，如果把日本也加入，就占到 64%。这样的话咱们中国就不要玩了，因为亚投行将变为第二个世界银行或者 IMF。因此美、日没有加入，反而是好事。

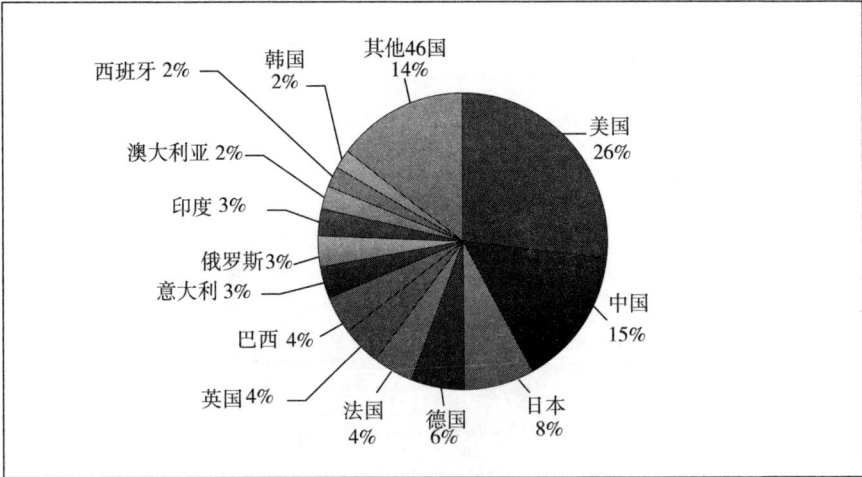

图4-1　若美、日加入后亚投行各国持股比例

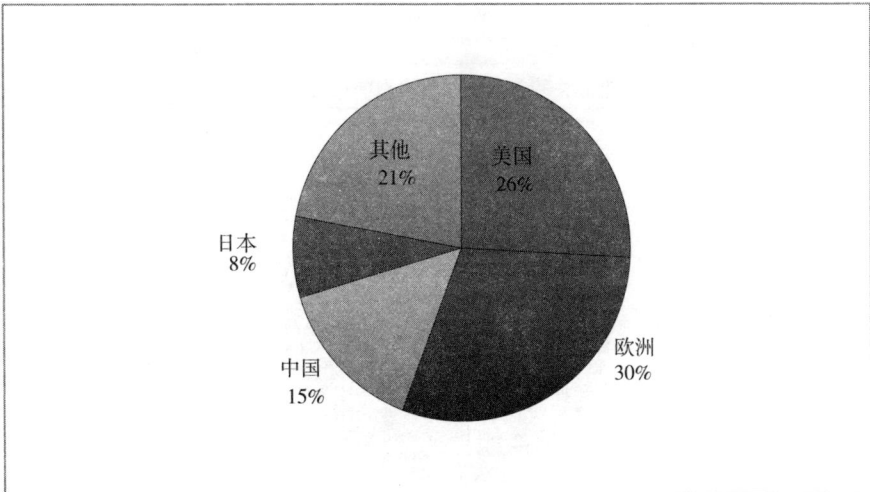

图4-2　若美、日加入后亚投行各国持股比例合并数据

那么再看图4-3以及合并数据后得到的图4-4。即使美、日没有加入，如果以截至2015年4月15日，亚投行的57个意向创始成员国的GDP来计算的话，中国的持股比重是22%，而英、德、法、意等欧洲四国的持股比重是26%，超过了我们。所以我们要明白，越多的国家加入，我们失去亚投行控制权的风险就越大。

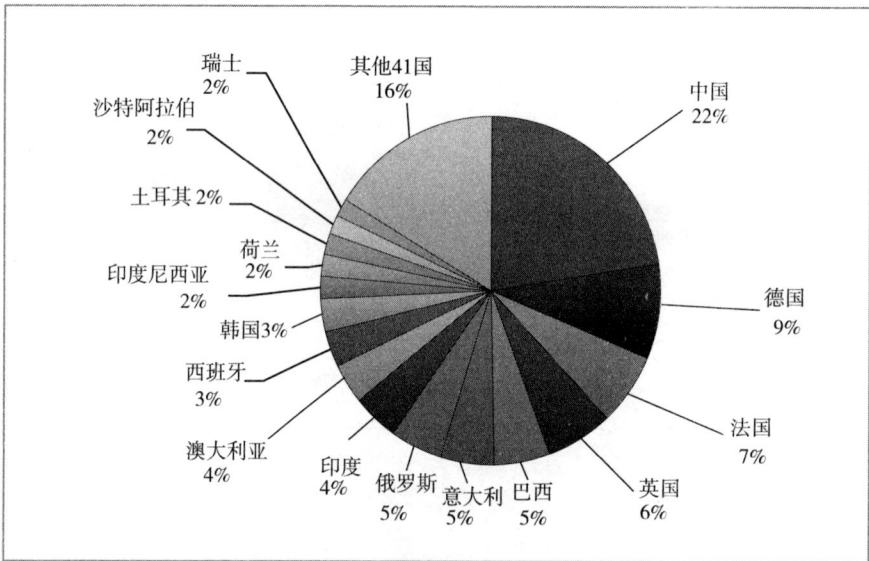

图4-3 亚投行57个成员国GDP占比

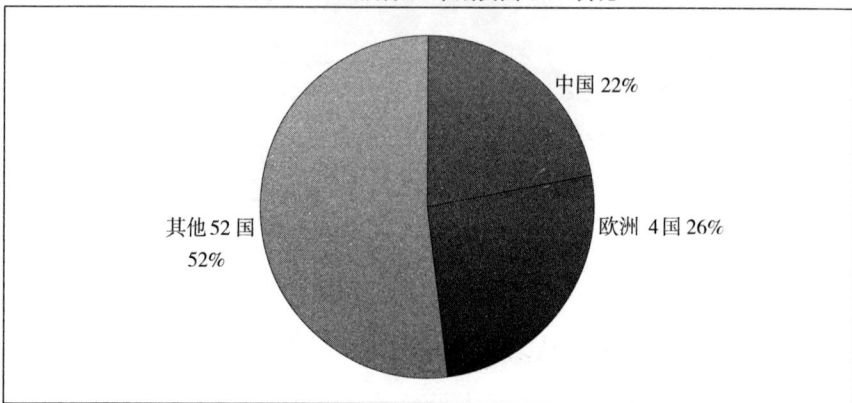

图4-4 亚投行57个成员国GDP占比合并数据

　　不过，根据新华网 2015 年 3 月 28 日披露的信息，投票权计算的方案之一是亚投行 27 个亚洲成员国拥有 75% 的投票权，剩下的 25% 分配给其他地区的成员国。如果这个方案能够通过，也就意味着，我们中国可以确保获得否决权，因为中国在亚洲成员国的 GDP 中占有 49.4 的比重，中国持有的股权比例就达到了 37.05%（75%×49.4%），而其他亚洲国家是 37.95%，其他地区国家只有 25%，请看图 4–5。因此，只要我们合理制定规则，就可以获得一票否决权。

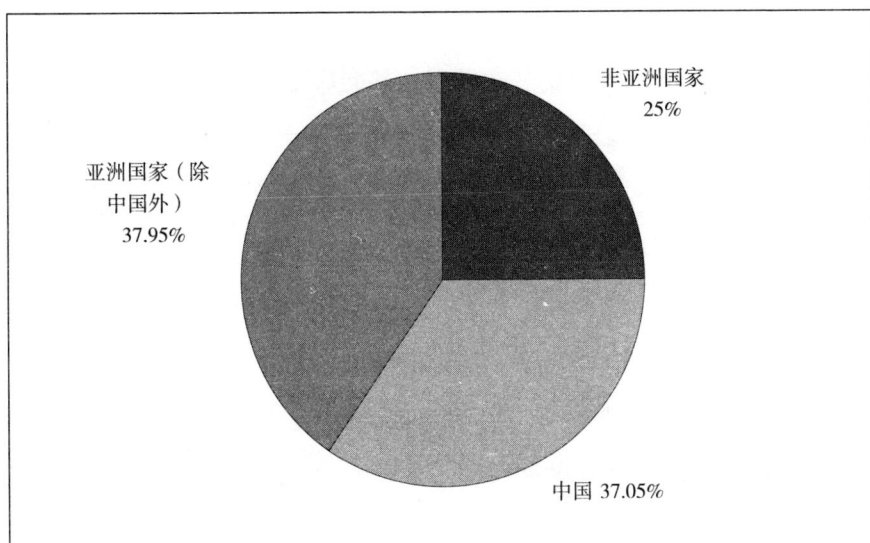

图4–5　亚投行各国所占股权(方案估算)

　　以上这些数据是我们在协定正式签署以前的测算。那么根据 2015 年 6 月 29 日亚投行 57 个意向创始成员国签订的《亚洲基础设施投资银行协定》，投票权具体的计算方法比我们的测算要复杂得多。协议中按现有各创始成员国的认缴股本计算，中国持 30.34% 的股权，投票权占总投票权的 26.06%。根据协议，在筹建阶段重大事项上采用 75% 多数通过的多边议事规则。因此在现阶段，中国实际上是拥有重大事项一票否决权的。

第二，人事权。协议规定："董事会共有 12 名董事，其中域内 9 名，域外 3 名。亚投行设立行长 1 名，从域内成员产生，任期 5 年，可连选连任一次。"因此，我们亚洲国家控制了多数董事席位，并且首届行长一定要由中国人做，毕竟我们是单一最大股东，我们必须确保人事权。2015 年 7 月 6 日，中国政府正式提名金立群为亚投行候任行长中方候选人；8 月 24 日，金立群正式成为亚投行候任行长。

第三，规则制定权。中国财政部长楼继伟在回答记者提问时说，亚投行虽然是中国首倡设立的区域性的、实行区域开放的多边开发机构，但不是中国说了算，而是由多边秘书处共同决定。我觉得楼部长太客气了，在规则制定上必须我们说了算，其他成员国可以提意见。并且我们应该建立以下三个规则：第一，必须建立公平、公正的招投标办法，避免像世界银行那样出现对发展中国家的招投标歧视；第二，亚投行运营过程中出现的纠纷，必须去香港高等法院或终审法院审判、仲裁；第三，在表决权上，普通事项 50% 的支持率就可以通过，但是重大决策，如修改章程、增资扩股等则必须 75% 以上的支持率才可以通过。根据 6 月 29 日签署的协议规定，在筹建阶段重大事项上，已经确立了 75% 多数通过的多边议事规则，我们希望在最终的决策议事规则上也是如此。

亚投行的设立，代表着中国正在参与国际金融新规则的制定，而美国必须正视中国的崛起。美国约翰·霍普金斯大学国际问题高级研究学院教授、前世界银行驻中国首席代表鲍泰利就表示，奥巴马政府对中国主导的亚投行的围堵政策，甚至美国对亚洲的整个经济政策都是短视的。

其实，亚投行的设立，其根本原因是现有的国际金融体系根本满足不了亚洲的建设需求。例如，2020 年以前亚洲地区每年基础设施投资需求高达 7300 亿美元，而亚洲开发银行的贷款能力仅仅为 130 亿美元。并且亚开行最大的股东美国不愿意拿出更多的钱支持亚洲，美国国会也无法理解，为何要出钱去支援拥有美国国债最多的地区的基础建设。而日本的公共债务规模已经占到了 GDP 的 240%，也没有财力对亚开行进行增资。如果让别的成员国对亚开行进行增资，又会稀释现有股东的股权，这也是美国和日本不愿意看到的。所以，中国另起炉灶设立亚投行是势在必行。

第五章 全球股市巨震，下一轮经济危机要来了吗？

一、真的是"全球崩溃，中国制造"吗？

2015 年 8 月 24 日，中国沪指暴跌 8.49%，创八年来最大单日跌幅，2000 余只股票跌停，上涨股票仅 15 只，一日 A 股市值蒸发 3.96 万亿。

同日，亚洲市场，日本日经 225 指数下跌 4.61%；香港恒生指数下跌 5.17%；台北股市盘中一度下挫 583 点，创下 7.5% 的史上最大单日跌幅。欧洲市场，泛欧斯托克 600 指数跌 5.3%，创 2008 年 12 月以来最大单日跌幅；德国 DAX 30 指数跌 4.7%，创 2011 年 11 月以来最大单日跌幅；法国 CAC 40 指数跌 5.4%，创 2011 年 11 月以来最大单日跌幅；英国富时 100 指数跌 4.7%，创下自 2009 年 3 月以来的最大单日跌幅。美国市场，标普 500 指数下跌了 3.9%，道琼斯工业平均指数下挫了 3.6%，纳斯达克综合指数下滑了 3.8%；盘前标普、纳斯达克和道琼斯股指期货均跌逾 5%，触发熔断机制（下跌 7% 就会停止交易 15 分钟）。

因此，在 8 月 25 日，"中国股市根源论"占据国际各大媒体头条：《华盛顿时报》载"中国股灾威胁世界经济，白宫请求习近平经济政策透明

化"，《纽约时报》载"中国股市下滑，震荡全球市场"，英国《卫报》载
"外界促中国制止市场动荡"，英国《金融时报》载"中国大陆股市'黑
色星期一'引发全球股市暴跌"，《印度时报》载"全球崩溃，中国制造"。

二、现场还原：本次全球股市下跌全过程

中国股市的影响真的这么大吗？我们先来还原一下全球股市下跌的
过程。

8月21日（周五），北京时间10:00，数据编撰机构Markit披露中国
8月制造业采购经理人指数（PMI）初值，从7月份终值47.8降至47.1，
创2009年3月以来最低。此前市场平均预测值为48.2。

8月21日，北京时间22:00，Markit的一份报告显示，美国8月制造
业活动扩张速度降至近两年来最低。美国8月制造业PMI初值降至52.9，
为2013年10月以来最低，7月终值为53.8。

8月22日、23日是周末，股市休市。但是大宗商品市场在8月21
日当天就已经对这些数据做出了反应。

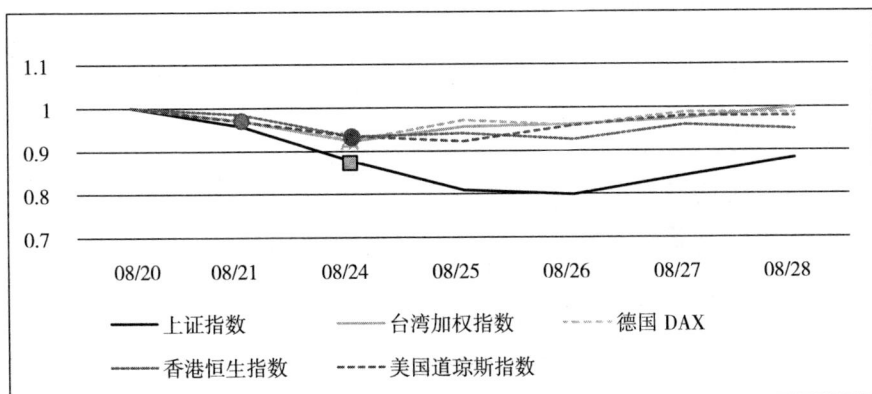

图5-1 8月20日—8月28日主要股指走势

8月21日，北京时间19:00，伦敦金属交易所3个月期铜价格下跌

0.86%，布伦特原油价格下跌 2.5%，欧洲 ARA 三港市场动力煤价格周环比下跌 3.61%。

8 月 21 日，北京时间 23:00，纽约时间 10:00，美国铜价下跌 0.78%，原油价格下跌 2.1%。8 月 23 日，北京时间 23:00，纽约时间 10:00，美国铜价下跌 0.6%，原油价格下跌 1%。

8 月 24 日，北京时间 19:00，伦敦金属交易所 3 个月期铜价格下跌 1.47%，布伦特原油下跌 5.7%，欧洲 ARA 三港市场动力煤价格周环比下跌 1.92%。

8 月 24 日，北京时间 23:00，纽约时间 10:00，同样是开盘就跌，美国铜价继续下跌 1.6%，原油价格下跌 4.5%。

我们都知道，8 月 24 日，沪指暴跌 8.49%，道琼斯工业平均指数则下挫了 3.6%，同时全球股市暴跌。其实在这前一个交易日，8 月 21 日北京时间 21:30，美股道琼斯指数就大幅下跌 3.1%，科技、能源和金融板块领跌。24 日继续下跌 3.6%，能源、金融、大宗商品领跌。

从实际跌幅上可以看出，欧美股市下跌是能源和大宗商品市场的问题。8 月 24 日，A 股是全线下挫，2000 余股跌停，上涨股票仅 15 只。而欧美市场下跌的主要是能源和大宗商品。8 月 24 日，泛欧斯托克 600 基本资源类股指大跌 9.3%，能源股大幅回落 8.1%。美股也是能源板块领跌，跌幅 5.18%，金融板块下跌 4.73%，大宗商品下跌 4.19%。所以，想要了解下跌的原因只需要看大宗商品出了什么政策和新闻就够了。

9 月 1 日的美股下跌也一样。当天北京时间 09:00，我国统计局公布 2015 年 8 月份中国制造业 PMI 为 49.7，比上月回落 0.3 个百分点，创 36 个月以来新低。北京时间 21:30，美国公布 8 月 ISM 制造业 PMI，降至 51.1，创 2013 年 6 月以来最低水平。

大宗商品随之开始下跌。9 月 1 日北京时间 19:00，伦敦金属交易所 (LME) 期铜跌 1%，布伦特原油跌 8.48%。北京时间 23:00，美国原油跌 7.7%，铜跌 1.54%。同样，股市也开始下跌。当天北京时间 21:30，美国股市一开盘就开始下跌，截至当天收盘，标普跌 2.96%，道琼斯跌 2.84%，纳斯达克跌 2.94%。美股能源板块领跌，跌幅达 3.66%，金融板块其次，跌幅 3.49%。

从以上分析可以看出，这次股市下跌和上次一样，是制造业对大宗商品需求放缓直接导致的，而并不是什么中国股灾拖累全球，中国股市的影响远远没有那么大。我们看今年以来的全球股市，中国就是其中的另类，走势和别人都不同，根本影响不了全球市场。美股才是真正的全球股市定海神针！

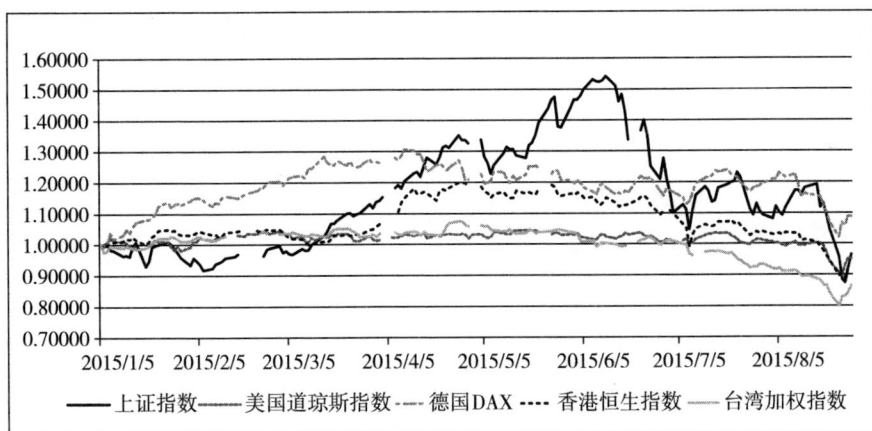

图5-2　2015年1月—2015年8月全球股价走势

三、美国依然是全球经济走势的决定因素

当然，不可否认，中国的制造业 PMI 指数下跌会对国际大宗商品价格产生一定影响。毕竟中国购买了世界上大约八分之一的原油、四分

之一的黄金、三分之一的棉花和一半的主要基本金属，如钢铁、铜等。2015 年上半年，中国铁矿石进口量同比下降 0.93%，钢材和铜分别下降 8.28% 和 11.11%，煤降幅最大，同比下降 37.66%。这对国际大宗商品价格有点影响是肯定的，但是要知道美国才是真正的世界经济中心，美国的经济指标直接决定了全球大宗商品市场和股市走势。

8 月 27 日，美国商务部公布 GDP 数据，二季度美国 GDP 年化环比增长 3.7%，较上月底公布的 2.3% 的初值大幅上涨。美国经济数据强于预期，彭博大宗商品指数上涨 1.80%，报收 86.6722 点。其中原油价格暴涨，纽约油价暴涨 7.49%，布伦特原油上涨 7.00%，报收每桶 46.16 美元；铜上涨 2.94%；铁矿石上涨 2.99%。股市当天也大涨，美股三大股指均上涨超过 2%。其中标普 500 指数涨 2.43%，道琼斯工业平均指数涨幅 2.27%，纳斯达克综合指数涨 2.45%，基本都回到了 8 月 24 日暴跌之前的水平。

第六章　希腊危机，前车之鉴

一、希腊的情况到底有多糟糕？

希腊危机再次爆发，2015 年 7 月 5 日，希腊举行全民公投，否决了欧盟债权人提出的援助方案。7 月 16 日，希腊议会通过了总理齐普拉斯的债务解决方案，但老百姓群体抗议，说这个方案比欧盟债权人提出的方案还要糟糕。对此我们不禁要问，希腊到底发生了什么？现在的情况到底有多糟呢？

希腊自 6 月 29 日开始实施资本管制并关闭所有银行，每个人每天最多提取 60 欧元，但到最后发现所有的 ATM 机都被提光了，连 60 欧元都提不出来，那怎么办呢？将每天 60 欧元的额度降到 20 欧元。为什么是 20 欧元？因为 20 欧元是希腊一个三口之家一天的伙食费，如果少于 20 欧元的话是会被饿死的。由于担心买不到东西，希腊的超市里出现抢购潮，民众把货架上能用的日常生活物资抢了个精光，囤积起来。小汽车和摩托车也挤满了各大加油站，司机们拼命地把油加满。

后来希腊开放了提取退休金业务，让没有提款卡的退休人员可以提领退休金，不过上限是 120 欧元。据《环球时报》报道，已退休的 77 岁老人乔治·查兹法提亚迪斯在希腊第二大城市塞萨洛尼基的多家银行前排队，希望为妻子提领退休金，但都徒劳无功，乔治跑了三家银行，到了第四家银行还是被告知无法提领 120 欧元时，忍不住失声痛哭。他说，看到同胞为了几片面包而乞讨，还有越来越多的人选择自杀，他无法眼睁睁地看着自己的国家陷入如此的不幸。

二、3210 亿欧元债务，谁来兜底？

为什么希腊会陷入如此境地？各位知道希腊总共欠了多少钱吗？3210 亿欧元。这个债务是怎么分布的？请看图 6-1。

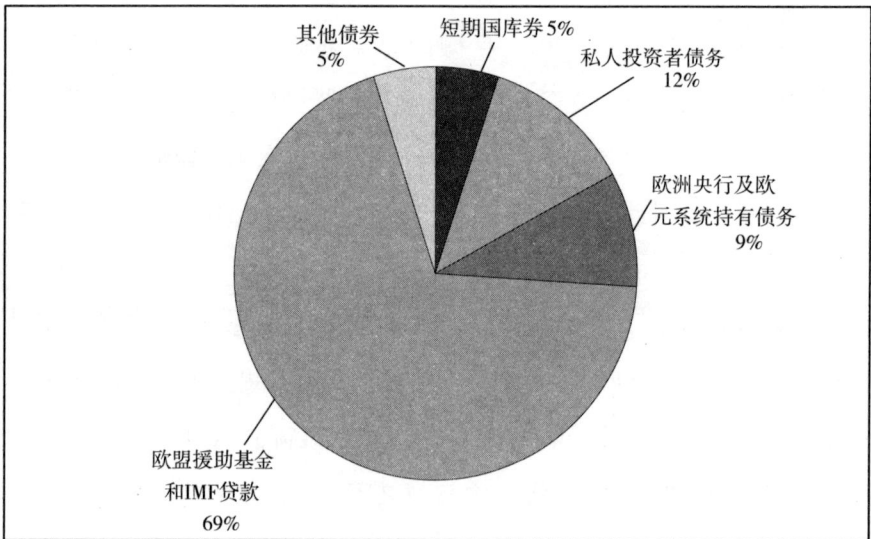

图 6-1　希腊 3210 亿欧元总体债务

其中 69% 的债务是欧盟援助基金和 IMF 的贷款，这是最大的一块，如果这部分债务不还有什么后果？其实我认为没有太大的关系，最多评级降成垃圾级，不过希腊现在的评级已经是垃圾级了，所谓"死猪不怕开水烫"，还能把它怎么样呢？接着是欧洲央行以及欧元系统持有的债务，为9%。各位注意，这个债务最重要，你不能欠欧洲央行的钱，因为如果欧洲央行愿意给你提供流动性，你还有机会拿到一些现金以备不时之需。如果你连欧洲央行的钱都还不起，欧洲央行不再给你提供流动性，你的金融系统立刻崩溃，不要说提20欧元了，连1欧元都提不出来。剩下的私人投资者债务12%，短期国库券5%，其他债券5%，这三块加起来是22%，如果还不了关系也不是很大，顶多被骂骂。

那么，希腊一旦全面违约，谁的损失最严重？德国一共借给希腊800亿欧元，如果希腊违约，德国将损失700亿欧元。但德国还不是最大的受害国，有媒体对违约损失与经济总量进行对比，结果显示德国经济受损程度只排名第七，经济实力不那么雄厚的斯洛文尼亚、马耳他、西班牙、意大利、葡萄牙、爱尔兰等则伤得更重。并且希腊危机会产生多米诺骨牌效应，这些受损严重的国家可能会跟着破产，整个欧元区也可能会因此而解体，正可谓牵一发而动全身。

这就是为什么6月25日美国总统奥巴马打电话给德国总理默克尔，说这是一个生死攸关的问题。法国总统奥朗德也明确说："德法深知希腊不能退出欧元区。"虽然根据德国《图片报》调研结果显示，89%的德国人希望把希腊踢出去，根据法国《巴黎人报》的调查结果显示，50%的法国人也希望把希腊踢出欧元区，但问题是一旦把希腊踢出去，欧元区自身也危在旦夕。

因此，希腊的新总理齐普拉斯心里有底，他断定以德法为主的欧元区不敢把希腊踢出去。所以在7月5日希腊举行公投的时候，齐普拉斯呼吁希腊民众否决欧盟债权人提出的解决方案。

三、欧盟债权人援助方案为何激怒了希腊人？

那么，欧盟提出的这个解决方案有什么不好呢？为什么会惹怒希腊人？

先来看一下希腊目前的财政支出情况。希腊每年花在养老金上的费用占 GDP 的比重高达 16.2%，是欧盟 28 个成员国中最高的，而德国只有10.2%。所以希腊人退休之后的日子过得非常惬意。此外，希腊的军费开支占 GDP 比重在欧盟成员国中排名第二。各位请注意，军费这么高，几年前希腊政府曾经想把它削减一半，但是最后没有成功，为什么？谁给的压力？德国。因为希腊的海军和陆军装备主要是向德国买的。

被否决的援助方案为将现有援助协议再延长五个月至 11 月底，其间希腊可获得四笔共 155 亿欧元贷款，包括在 6 月 30 日之前发放 18 亿欧元贷款。条件是，希腊继续在债权人的"监管"之下，实施一系列紧缩和改革措施，主要包括：第一，削减养老金；第二，削减国防开支；第三，削减其他公共支出；第四，增税。就是这个增税条件彻底激怒了希腊人。

7 月 5 日，齐普拉斯把这个方案交给希腊人民去进行公投，结果61.3% 的老百姓在齐普拉斯的怂恿之下否决了这个解决方案。其实这个方案只要交给议会投票就可以了，完全没有必要进行全民公投。援助方案被否决之后是什么结果？各位请看图 6-2，希腊 2015 年年底债务到期的前景一览。

单位：亿欧元

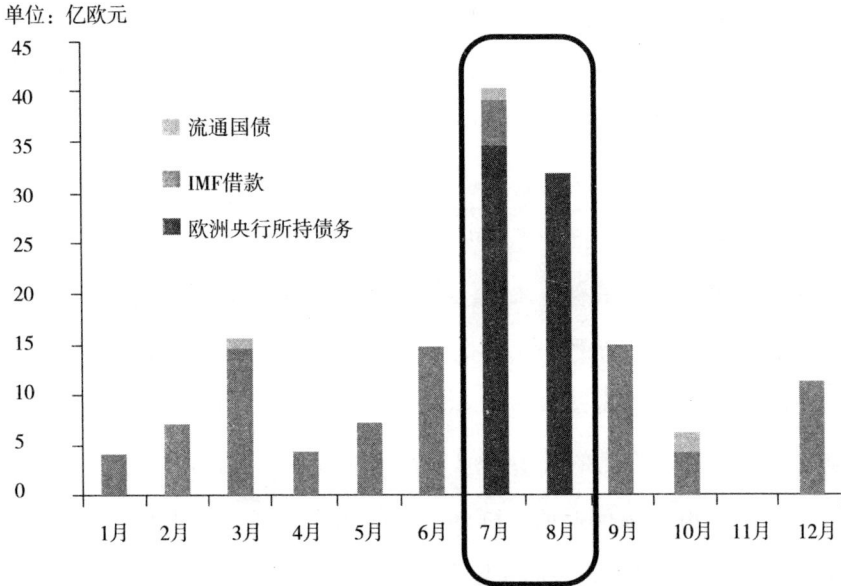

图6-2　希腊2015年年底债务到期前景

请看，主要是三部分债务，一个是流通国债，一个是 IMF 借款，一个是欧洲央行所持债务。其中 1—6 月的到期债务以 IMF 借款为主，我前面讲过了，IMF 的借款不还就算了，最多把你评级降低。可是 7—8 月的到期债务以欧洲央行所持债务为主，7 月份要还 35 亿欧元，8 月份要还 32 亿欧元。一旦希腊还不起欧洲央行的债务，欧洲央行将根据规定不再给希腊提供流动性，这将带来什么严重后果呢？

2015 年初，全希腊的存款是 1700 亿欧元，到了 4 月底，银行存款只剩下 1393 亿欧元，到 6 月底希腊宣布资本管制，每人每天最多提 60 欧元，各位猜一下到 7 月份希腊的银行还剩下多少现金？仅仅 10 亿欧元。这个钱能够撑多久？

缺少了流动性，希腊的企业也相继破产，大量人口失业。希腊就业人口为 353 万人，失业人口为 122 万人，失业率高达 25.7%。其中

15 ～ 24 岁人口的失业率达 50.1%，25 ～ 34 岁人口失业率为 34.1%。一旦没有了欧洲央行提供的流动性，企业大面积倒闭，整个国家很快就会崩溃。只要希腊崩溃，斯洛文尼亚、马耳他、西班牙、意大利、葡萄牙、爱尔兰等也很可能跟着崩溃，社会动乱，暴动四起，这将是欧盟的世界末日，你能不能想象这个情况的可怕？

齐普拉斯刚上台时意气风发，声称希腊不要欧盟的解决方案，要维护希腊人的尊严。但尊严的代价是什么？是整个国家崩溃。齐普拉斯一点都不傻，他知道希腊是不能退出欧元区的，因为一旦退出欧元区，希腊就必须重新启动自己的货币，但是希腊的货币没有任何国际信誉，其结果必然是货币大幅度贬值，国内的物价飞涨，老百姓更是民不聊生，社会将出现更大的动荡，希腊一定爆发革命。

除此之外，还有别的出路吗？能不能没收储户的部分资金转换成银行资本？欧洲不是没有这种先例，2013 年 3 月，为了得到欧盟的 100 亿欧元援助资金，塞浦路斯对本国规模高达 112 亿欧元的大户存款进行直接"掠夺"：超过 10 万欧元的存款中，有 37.5% 将被转为该银行的股权；另外 22.5% 的存款将被冻结 90 天，视情况被部分转为该银行股权；另外 40% 的存款要到银行重新注资完成后储户才能动用。这种强盗做法为什么能够得到塞浦路斯老百姓的支持，也得到欧盟的支持？因为这些大存款户绝大多数都是俄罗斯人，不是塞浦路斯本地人，所以掠夺他们的存款基本上没什么问题。但是希腊可以这么做吗？希腊的存款大户基本都是希腊人，你不可能掠夺自己的人民吧，所以这个方法是行不通的。

当然，事情闹到最后，希腊议会最终通过了齐普拉斯在公投之后提出的解决方案，虽然同样遭到希腊老百姓的强烈反对，但希腊应该可以留在欧元区了，危机暂时告一个段落。

四、希腊危机追根溯源，谁是始作俑者？

那么，希腊危机的根源究竟在哪里？是希腊人太懒吗？是他们太狂热吗？是他们的高福利吗？错了，都不是，我给各位提出一个全新的观点，希腊危机的根源在于欧元区内强势国家与弱势国家的地位不平等和经济失衡，而德国才是希腊危机的始作俑者。

德国和法国是欧元区里实力最强的国家，它们主导了欧元区所有的经济政策。比如说德国是出口国，它希望降低成本，所以一直推动低利率。低利率对它有什么好处呢？就是可以将整个欧元区内的资金全部拿来为它所用，生产出高端机械，再出口到别的国家。德国作为欧元区最大的出口国，和希腊、葡萄牙、意大利等"消费国"之间产生了巨大的贸易盈余。并且德国通过不断购买这些国家的国债等方式，助长了它们的无度消费与借贷。这就是为什么德国借了 800 亿欧元给希腊，总共借了 2500 亿欧元给欧元区陷入债务困境的国家。

可是请大家想一想，希腊根本没有什么工业，只有旅游业，它用什么来还这 800 亿欧元？根本还不了。这就是一切问题的开始。我以美国为例，美国的纽约州跟加州是经济最发达的地方，如果纽约州跟加州也像德法控制欧元区一样控制着美国经济政策，推出对它们有利的经济政策，吸引大量的资金和人才，并出口产品到亚利桑那州或者南达科他州等相对落后的州，会有什么结果？结果就是这些落后州会和希腊一样，不断发行州债券，借钱买东西，一直到还不起为止，最后爆发和希腊相同的危机。

那为什么没有爆发呢？因为美国联邦政府会用联邦税收来补贴这些穷的州。美国 51 个州，每一个州都是一样的社保、一样的医疗、一样的基础设施建设。比如说，每个州的自来水都是可以生喝的，这就是美国的基础设施建设。因此透过联邦政府的重新分配，将加州跟纽约州的财富重新配置给中西部穷的州，让这些州的居民能够享受一样的生活，这就是公平。请问德国是怎么做的呢？德国逼着希腊发国债，那不等同于叫亚利桑那州发州债吗？到时候让它还钱，它什么都没有，用什么还？所以德国才是整件事情的始作俑者。

中国的情况和美国一样，长三角、珠三角地区是最富裕的，吸引了大量的资金和人才到这两个地方，创造出大量的产值。难道我们长三角、珠三角地区可以迫使西部落后省份发行省债来购买它们的产品吗？不可能的，中国一定像美国一样，通过转移支付对落后省份进行补贴。目前广东、上海等发达地区每年上缴的财政收入远远大于中央的返还，净上缴高达6000多亿元人民币，这些资金都被重新分配给了中西部比较穷的省份，这才是公平。就是因为有个强有力的中央政府在做区域间财富的重新分配，所以中国跟美国不可能发生希腊危机。

现在欧元区内部正是缺少了这种转移支付的平衡机制。所以这次希腊危机虽然暂时缓解，但以后一定还会再次爆发。希腊依然没有偿债能力，危机的隐患就不可能解除。德国人难道不知道这个道理吗？他们肯定知道，因为在东西德合并的时候，西德就是用统一税来补贴东德，这样东西德才能合并成一个国家。德国总理默克尔不就是东德来的人吗？既然西德能够补贴东德，那德国为什么不能补贴希腊呢？这才是真正公平的政策。

第七章 海外投资投哪里？

一、QDII2 即将推出，个人投资者如何选择？

2015 年 5 月 18 日，国务院明确批复将择机推出合格境内个人投资者的资格认定制度，即 QDII2。《证券时报》报道称，"合格境内个人投资者境外投资试点管理办法"也将很快发布，首批试点 QDII2 的城市共有六个，分别为上海、天津、重庆、武汉、深圳和温州。试点将允许个人直接购买海外保险、股票、债券和房地产等海外金融资产，只要年满 18 周岁，个人金融净资产最近三个月日均余额不低于 100 万元人民币，就可以申请。央行还考虑对符合条件的个人投资者取消 5 万美元的年度购汇额度限制，不再设上限。

目前管理办法还没有正式出台，但民间已经开始热议。根据建设银行的《中国财富报告》数据推算，截至 2014 年底，个人资产在 600 万以上人群持有可投资资产约 52 万亿元，个人资产在 100 万元以上人群持有可投资资产约 82 万亿元。如果一半的人选择全球配制资产，这就意味着新政策给了一个 41 万亿元的个人投资总配额。接下来的问题就是，投哪里？

二、美股风光不再，抄底欧股正当时

大家想到的第一个选择可能是投资美股。美国股市过去 100 年的平均收益率约 10.5%，过去 20 年的平均收益率是 11.9%，但接下来，美股收益率可能回归个位数。2015 年 9 月 28 日，摩根士丹利预计，"在未来 5 ~ 7 年中，曾经提供两位数回报率的均衡投资组合回报率将更接近 4% ~ 6%"，并且建议，投资者应该"对投资组合进行全球化"，而不再只是专注于美国股市。

请看图 7-1 和图 7-2，全球主要国家和地区未来股市回报率。从图中可以看出，投哪里的股市最好呢？当然是首选欧洲！根据摩根士丹利资本国际欧洲指数（the MSCI Europe index）估计，目前欧洲股票收益率超过混合欧洲政府债券收益率 240 个基点，接近 20 世纪的最高点，通常这意味着股价的强劲反弹，预计接下来 12 个月股价最高可以上升 23%。实际操作中，欧洲股市达到 10% 以上的回报率应该是非常稳健的。

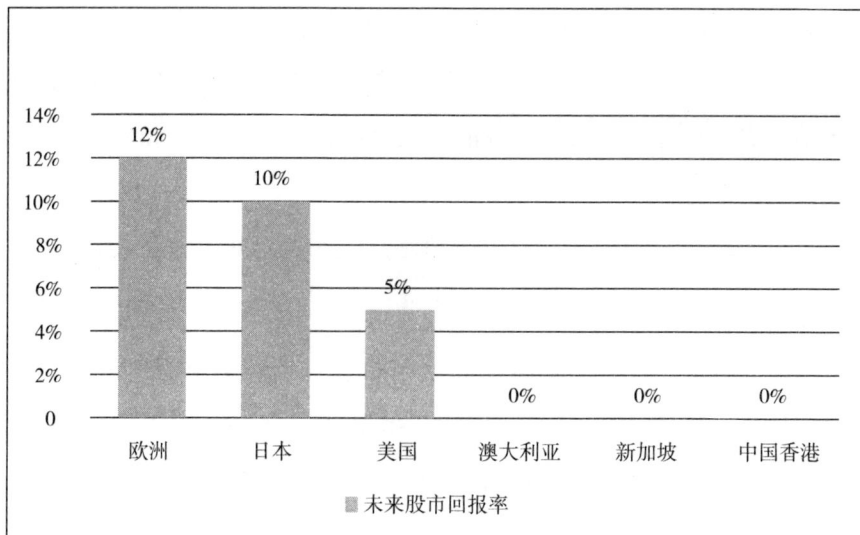

图7-1　全球主要国家和地区未来股市回报率

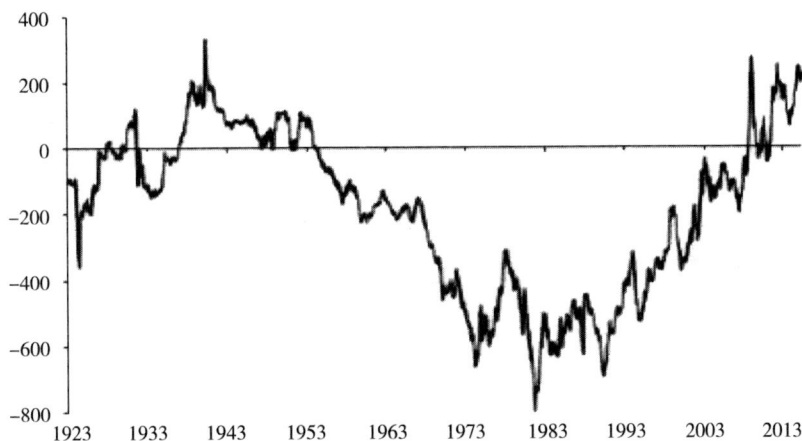

图 7-2 欧洲股息收益率回到历史高点

另据彭博社数据显示，目前欧洲企业的盈利增长已经超过美国。据预期，泛欧斯托克 600 指数成份股的盈利在 2015 年将增长 5.1%，欧元区前 50 大公司盈利将增长 12%，而标普 500 指数成份股公司 2015 年的盈利仅微弱增长 0.2%。坦白讲，仅仅是上市公司盈利就足以让欧洲股市复苏。EPFRGlobal 数据也显示，欧洲股票 2015 年已经吸引了 910 亿美元资金流入，而美国股市和新兴市场股市却分别遭受了 1400 亿美元和 580 亿美元的资金外流。

要抄底欧洲股市，最好的办法是购买欧元区银行股或者其他直接受益于欧洲量化宽松政策和欧元贬值的公司股票。

除了欧洲股市，日本股市的表现紧随其后（参见图 7-3 和 7-4）。2015 年 9 月 7 日摩根士丹利预测，到 2016 年年底，日本股市回报率将接近 10% 的水平。而高盛的预测更加大胆，2015 年 9 月 4 日，高盛公布了对全球金融市场的预测，最看好日本股市，预计未来 12 个月上涨空间为 19%。当然，鉴于日元在持续贬值，实际增长 10% 是一个更合理的预估。

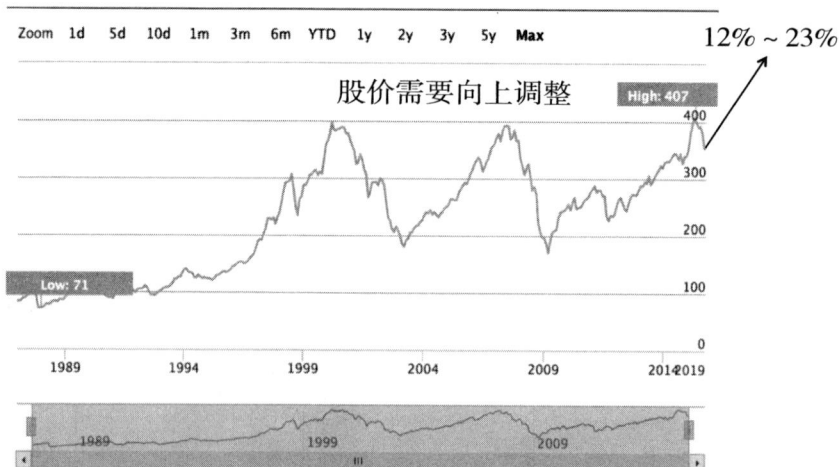

图7-3　日本股市回报率

图7-4　日经指数

　　同时，东南亚面临技术性衰退，股指普遍下滑（参见图7-5）。新加坡海峡时报指数从2015年4月近3540点的高峰，一路走低至10月2日的2787.94点，下跌20%。而中国香港股市基本取决于中国内地市场，因为红筹股和H股占恒指权重高达52%。未来如果内地经济下滑，港股下跌可能性很大。

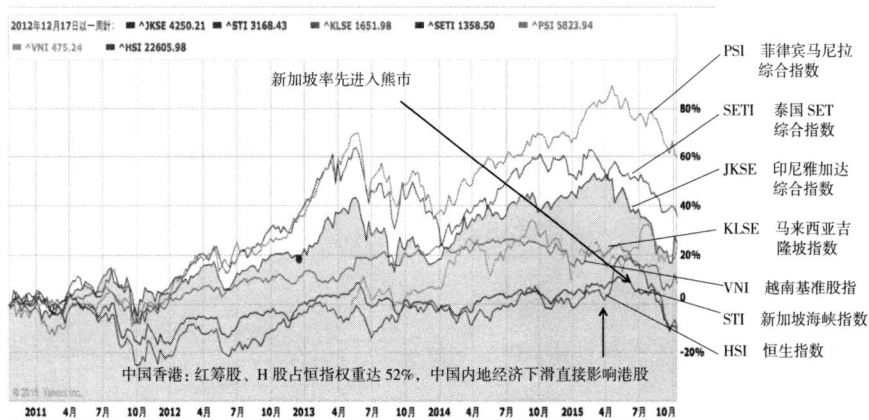

图7-5　东南亚股市走势

三、投资楼市，美国是首选

再来看看海外楼市。请看图 7-6，1990—2015 年全球各主要国家和地区的楼市走向。

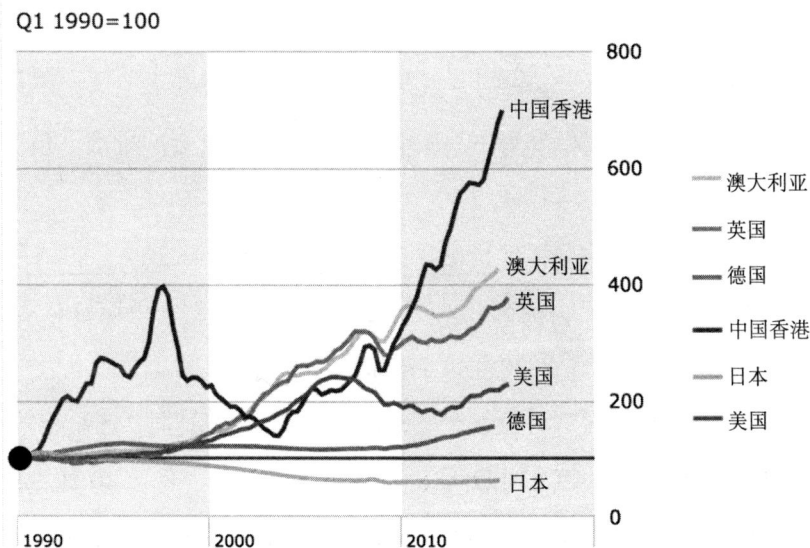

图7-6　全球主要国家和地区楼市走向

　　日本房价一直阴跌不止，从 1990 年至今跌了 37.3%，年均跌 1.8%。从 2010 年 1 月开始止跌，5 年累计上涨 5%。考虑到 2013 年量化宽松以来，日本通胀率在 3% 左右，日本楼市整体增长了 1% ~ 3%。

　　德国的房价指数从 1990 年的 100 涨到 2015 年的 155.2，年均涨幅为 1%。从 2010 年起，德国房价涨幅扩大，年均增长 5.9%，预计未来德国会继续保持 5% 的年均增长率。

　　香港房价风险太高！1990 年至今香港房价涨了六倍，属于所有发达地区中价格最不理性的。香港特区政府在《2015 年半年经济报告》中指出，2015 年第二季度的楼市供款与收入比率为 62%，远高于 1995—2014 年间约 46% 的长期平均数。假如接下来美元进入加息通道，利率上调至 3% 的正常水平，供款与收入比率将攀升至 81%，潜在的月供压力将非常大。据摩根大通预计，未来三年内香港楼价的年均跌幅将达到 5% ~ 10%。而据瑞银预计，香港楼价将迎来一波 20% ~ 30% 的调整期。

　　再来看澳大利亚。1990 年至今澳大利亚房价涨了 3.27 倍，年均涨幅 5.7%。2015 年 8 月开始，澳大利亚出台限购措施，非澳大利亚居民不得在澳购买二手房，若购买新房须获得外国投资审查委员会的批准。预计未来澳大利亚房价增长有限，约 1%。

　　而英国从 1990 年至今，房价涨了 2.78 倍，年均涨幅 5.2%。2015 年 5 月 8 日保守党连任以后，英国几大房产公司根据保守党刺激英镑贬值、鼓励买房的政策，计划在 2020 年以前建造约 20 万套住房，并八折出售给 40 岁以下的首次购房者。据预测，未来五年英国房价将会上涨 18%，截至 2019 年年均上涨 3.4%。

　　相比较而言，美国楼市长期保持低增长，美国从 1990 年至今房价涨了 1.29 倍，年均涨幅 3.1%。其中 2011—2014 年美国房价年均上涨 5%，预计未来随着经济好转将继续保持上涨势头，因此值得投资者优先考虑。

国内投资环境

第八章　地方政府改革三步曲

中国刚刚经历一系列改革。这一系列改革基本上是由政府推动的，我把它叫作改革"三步曲"；第一步，削权；第二步，预算；第三步，法制。

一、削减地方政府职权之一：规范招商引资与税收优惠

2014 年 12 月 9 日，中央政府出台了 62 号文件《国务院关于清理规范税收等优惠政策的通知》，提出除相关法律法规规定的税政管理权限外，各地区一律不得自行制定税收优惠政策。而且实行一把手负责制，明确地方各级人民政府主要负责人为本地区税收等优惠政策管理的第一责任人，将税收等优惠政策管理情况作为考核评价和提拔任用的重要依据。这样一来，以后再也没有领导敢随意给税收优惠政策了，一旦给，自己的升迁可能就没戏了，类似于过去的计划生育一票否决。

过去地方政府都是用投资促发展，左手抓基础建设，右手抓招商引资，因此 GDP 几乎成为考核地方干部的唯一标准。进而形成恶性循环：越考核 GDP，地方政府就越抓基础建设、越搞招商引资。基层地方政府三分之二的工作都围绕招商引资开展。在我们调研过的河南、湖北、安

徽、黑龙江、贵州、宁夏等省区，基本上所有的公务员都有招商引资任务。一些跟经济领域无关的政府部门，比如地方法院和检察院都被安排了招商引资任务，而且具体到人。

根据政府网站上的公开信息，桂林市政府要求："各部门主要负责同志要亲自抓招商引资工作，担当第一责任人；领导班子要有明确分工，要用三分之二的时间和精力开展招商引资工作；市本级财政计划每年安排专项招商引资经费，县、乡财政也要安排足够的招商引资经费，并列入财政支出计划。"湖北省荆州市的有关领导在招商引资会议上这么强调："市直部门负责人到县市区调研，原则上不要书记、县市区长陪同，全市一般性会议原则上不要通知党政一把手参加，让他们集中精力抓招商、抓发展，这要作为一条纪律固定下来。"

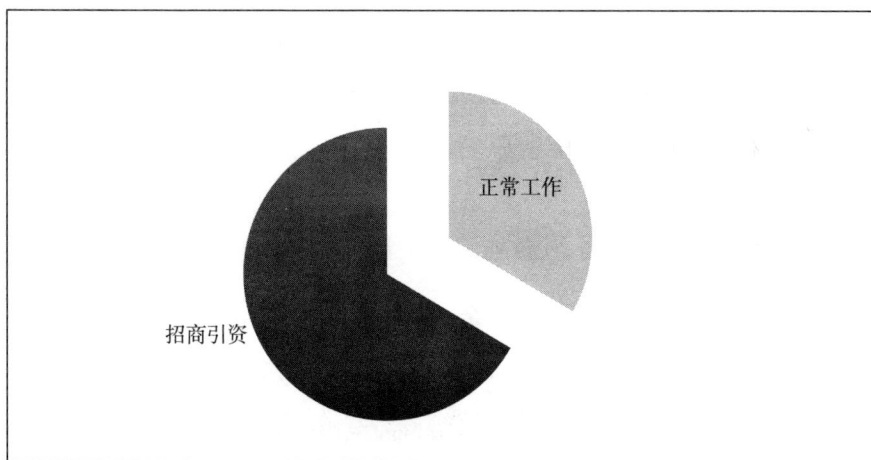

图8-1　地方政府工作时间划分

这种疯狂招商引资的态度使得政府越做越像公司，甚至以招商引资为主业，请问这是政府该做的事吗？并且为了配合招商引资，政府承诺给予优惠政策，签订书面合作协议，减免各类税收，开通各种绿色通道，等等。这就产生了一个监管黑洞，政府以产业扶持或奖励的名义从公共财政资金中安排给企业扶持资金。实际情况是，各地在编报预算时并未将财政扶持资金单列，而是拆分后并入相关支出科目，如"城乡社区事务""资源勘探""电力信息""科学技术"等。扶持资金的总量、对象、扶持标准等情况，目前仍局限于政府内部掌握，甚至是一事一议，如"即征即退""先征后退""先征后返"等，从预算案上根本看不出来。这就使各地招商引资滥增。

62号文出台后，各地区一律不得自行制定税收优惠政策，没有了制定税收优惠的权力，地方政府就失去了招商引资的重要砝码，这将为地方政府省下三分之二的时间，公务员们可以干正事儿去了。目前上海最先响应62号文，取消街道的招商引资任务。2015年1月7日新华网评论："上海市街道全面取消招商引资职能，将精力专注于公共服务、公共管理和公共安全，这既体现了政府顺应基层治理需要，也是改变自身职能的现实需求。"

二、削减地方政府职权之二：限制基础设施建设与地方债

除了招商引资，地方政府其余的大部分资源和精力都花在基础设施建设上了。从根本上讲，这也是招商引资的一部分，或者说后续效应。原因很简单，企业要来，你得先修路，甚至给人家盖好厂房，创造一切条件。另一方面，修路、卖地、盖房子，这也是政府创收的重要手段。别的不说，就连上海这么发达的地方，还是一直在卖地，搞基础设施建设，其他地方只会更加疯狂。我就以上海市2014财政年度的数据做一个说明。请看图8-2。

市本级政府性基金收入
30%

市本级公共财政收入
70%

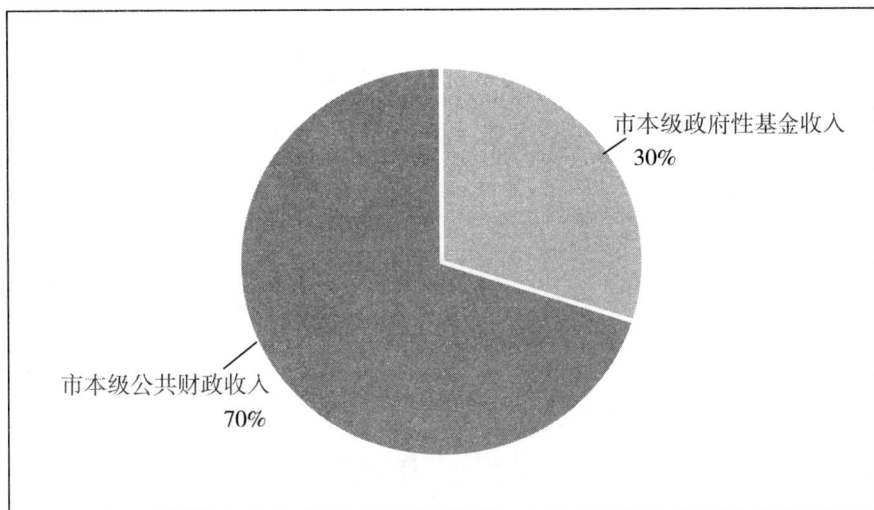

图8-2　2014年上海市本级财政预算收入

　　2014 年上海市各种类型收入当中，70% 属于公共财政收入，共 1716
亿元人民币，以正常的税收为主，主要是企业所得税、营业税、增值税，
这三大税种收入占了 67%。另外 30% 叫政府性基金收入，共 731 亿元人
民币，以卖地收入为主。

　　这些钱怎么花呢？还是分成两部分来看。一个是公共财政预算支出，
这是上图 70% 的部分。这里面的开支都是硬性支出，就是不得不花的钱，
比如说教育支出、公路维护支出、安全支出、医疗卫生支出、行政机关
运转费用等。一旦减少这方面支出，老百姓的生活就会受到影响。但在
这其中，仍然有 27% 的支出是基础设施建设。

　　再来看上图 30% 的部分，这部分支出就很笼统了，地方政府有很大
的操作空间。其中 81% 的支出，即 584 亿元，叫"国有土地使用权转让
支出"，基本所有支出都能往里面塞。预算案里面只写了这么一行字："安
排征地和拆迁补偿、土地开发、城市建设、农田水利建设、保障性安居

工程等支出。"

所以我们算一笔账：70%里面有27%是基础建设，30%里面有81%是基础建设，两者相加，用于基础建设的总支出高达43.2%（70%×27%+30%×81%）。地方政府大搞基础建设的结果就是，市县政府所借的钱占了所有政府负债的70%。

2014年9月21日，中央政府出台了43号文件《国务院关于加强地方政府性债务管理的意见》，文件规定"经国务院批准，省、自治区、直辖市政府可以适度举借债务，市县级政府确需举借债务的由省、自治区、直辖市政府代为举借"。这相当于捆住了地方政府的手，让地方政府不能随便伸手乱借钱。根据文件规定，第一，地方政府不得从事基础建设，重大的基础建设比如说棚户区改造，将由中央政府接管；第二，地级市、县级市不准发债，发债权上交省级政府；第三，通过PPP（Public-Private-Partnerships）模式，允许民营企业承办一些政府推动的重大工程项目，但政府不担保、不抵押、不兜底。

这样一来，地方政府可以借此摆脱土地财政的依赖。以上海为例，地方政府将基建权交给中央，即使以卖地为主的政府性基金收入完全取消，本地财政可动用的钱也会增加13.2%[70%−(100%−43.2%)]，约288亿元！过去那种财权、事权不对等的状况就会得到改观，地方政府不需要通过卖地来配套中央的事权。再加上时间多出来，那就更能够专心搞好服务。

所以说43号文件在很大程度上改变了地方政府职能，把地方政府的很大部分职能转移给了省级政府或者中央政府。从今往后，我们的政府将回归正常的治理结构：中央政府出政策，省级政府提供公共服务，县、市级政府执行。

三、预算约束：各级政府严格执行预算制度

应该说，我们国家在 2015 年之前的预算制度是没有被严格执行的，这导致大量的"三公"经费、腐败浪费和贪污浪费，还有年底突击花钱的现象。按照国家行政学院教授竹立家的估算（参见图 8-3），我们财政收入的 22.86% 都被三公消费浪费掉了。财政部质疑他的数据，但是财政部自己也拿不出准确的数据，因为预算内和预算外的资金比例大概是 6 : 4。保守估计，"三公"经费加上年底突击花钱、各种贪污浪费以后，应该能够达到竹立家教授估算的这个水平了。

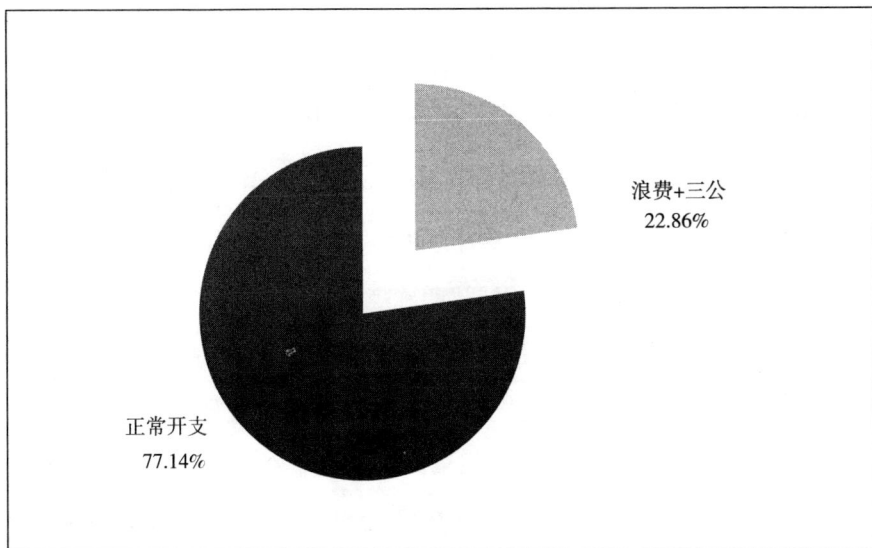

浪费+三公
22.86%

正常开支
77.14%

图 8-3　财政收入的支配比例

2014 年 8 月 31 日，全国人大常务委员会表决通过了《全国人大常委会关于修改〈预算法〉的决定》，并决议于 2015 年 1 月 1 日起施行。2014 年 9 月 26 日，中央政府推出 45 号文件《国务院关于深化预算管理制度改革的决定》，按照新修订的预算法，改进预算管理，实施全面规范、公开透明的预算制度。

修改后的《预算法》要完成三个目标：全面、透明、权威。第一个，全面。过去我们发现政府 65% 的收入属于预算外收入，有些地方政府 40% 的支出属于其他支出，是可以随便乱花的，这里面可以说真是"藏污纳垢"。但是从 2015 年开始，这些情况都不允许出现了，所有收入全部列管，而没有列入预算的支出是不准支出的。第二个，透明。各级人大通过预算报告后 20 日之内必须向社会公布。第三个，权威。如果违反《预算法》，不再像过去一样只是党内处分，而是分为四个处分等级：最轻微的是降级，第二是撤职，第三是开除，第四是刑事处罚。一句话，在政府预算方面再也没有法外之地了。

四、法制约束：地方政府"法无授权不可为"

2014 年 10 月召开了中共第十八届四中全会，其中重点提出法制化建设的问题。我认为和经济相关的有两个重要的亮点。第一个叫作"法无授权不可为"，也就是说除了法律明确规定政府可以做的事情外，没有规定的部分政府统统不能做。这就是利用公平的规则限制住地方政府的行为。我们发现民营企业家要把 70% 的时间花在和地方政府沟通或者处理政商关系上面，为什么？因为如果政府的职能不明确，就会产生太大的灰色空间，而企业又是离不开政府的，这就逼得企业家不得不这样做。只有政府职能明确以后，民营企业家才可能把 100% 的精力花在企业本身上面。

同时，民营企业家可能会担心，既然给我 100% 的时间做企业，我赚了大钱之后会不会财产被没收了呢？所以我认为四中全会的第二个亮点，就是再次强调了 2004 年宪法的规定，保护私有产权，通过法制的力量保护民营企业的财产。

总结一下，地方政府的改革三步曲：第一步，通过 62 号文件和 43 号文件对地方政府削权，地方政府的职能从过去的投资发展城市转变为运营服务城市。第二步，地方政府运营服务城市的预算要受到严格监管，通过新《预算法》来控制各级地方政府的收入及支出。第三步，透过法制约束地方政府职权，鼓励民营企业家花更多的时间在企业自身，同时严格保护私有产权。

五、以史为鉴：王安石变法为什么会失败？

今天中国的情况跟宋朝有些类似，比如说冗兵、冗官、冗费等，那怎么办呢？必须开源节流。而当时王安石怎么做的呢？开源而不节流。王安石推行的开源办法包括"青苗钱""免役宽剩钱""市易息钱"等新的财政收入项目，新政收到了一定成效，宋神宗年间国库积蓄可供朝廷 20 年财政支出。但问题是，如果不同时控制支出的话，支出会越来越大，最终入不敷出，导致改革失败。

我们先来细说几个开源的改革：第一市易法，第二青苗法，第三免役法。这几个法案以今天的术语来讲就是国进民退，用国有资本取代民营资本，替政府赚钱。

什么是市易法？当时宋朝有很多民间批发商，而根据市易法规定，在汴京（今河南开封）设都"市易司"，在边境和大城市设"市易务"，由国家的批发公司来取代民间的批发商，把以前归于大商人的利得收归官有，增加财政收入。

什么是青苗法？在开春青黄不接的时候，民间有很多高利贷公司，类似于今天的小贷公司，它们会放贷给农民，等到秋收之后再按照利息还。而青苗法规定凡州县各等民户，在每年夏秋两收前，可到当地官府借贷现钱或粮谷，以补助耕作，也就是说由国家来贷款给农民。这个立法是好的，它的初衷是缓和民间高利贷盘剥的现象，同时增加政府的财政收入。但实际执行却出现偏差：地方官员强行让百姓向官府借贷，而且随意提高利息，加上官吏为了邀功，额外还有名目繁多的勒索，百姓苦不堪言。这样，青苗法就变质为官府辗转放高利贷、收取利息的苛政。

什么是免役法？在中国古代自秦朝始，农民每年都要服徭役。而免役法规定，原来必须轮流充役的农民可以选择用交钱代替服徭役，由官府出钱雇人充役。免役法的初衷是将农民从劳役中解脱出来，以保证耕作时间，同时增加政府财政收入。但实际上对贫苦百姓是更为沉重的负担。

那么各位想一想，王安石这么聪明的人为什么只开源而不节流呢？因为如果只是开源，相对比较容易，而如果要节流，就必须控制支出，就要打击当时的利益集团，这是非常困难的。只开源不节流，这是王安石变法的基本精神，但也是导致新政最终失败的根本原因。

六、王安石变法对当下政府改革的启示

那么，这次中央政府下发的43号、45号和62号文件是一个什么样的改革呢？我把它叫作节流而不开源。我再总结一下：第一，62号文件让地方政府省下三分之二的时间；第二，43号文件让地方政府省下13%的财政收入；第三，45号文件让地方政府省下占财政收入23%的三公经费。这就是标准的节流工作。有没有要增加税收的？没有。因此本轮改革的精神是节流而不开源。

那当时王安石为什么不选择这个方法呢？因为想要节流，就要打击既得利益集团，王安石当时的利益集团太强大，他最终为了回避利益集

团的阻力选择了开源而不敢节流。这就是为什么现在习近平主席和李克强总理一直强调打击利益集团的原因。只有彻底地打击利益集团，才能将节流而不开源的政策顺利推行下去。当然这是我作为一个经济学者所做的解读，至于历史学家会不会同意，就不得而知了。

放眼未来，正如43号文件所讲的，我们的政府要从投资发展城市转变为运营服务城市，具体要怎么做？我提出了"三个原则""两个目标"。

第一个原则，我们必须要建立一个现代化的专业公务员团队，而不是靠论资排辈的方式来给公务员晋级和加薪。现在很多人在讨论公务员该不该加薪，我认为笼统地讨论这个问题是没有意义的，我以上海公务员为例，一个副科级公务员月收入6000多元，你说他应该加薪还是减薪？我告诉各位，加薪或减薪都不对，为什么？你要向市场看齐。在企业中IT行业程序员月平均薪水10950元，普通文员月均薪水3200元，咨询公司分析员月均薪水12000元。那么，作为参照，在政府部门做IT的薪水应该涨；在政策研究室的相当于分析员，薪水也要涨；而普通文员薪水就要降。这才是正常的状态，才能够和这个市场竞争人才，而不是一刀切，按级别和工作年限发工资。

第二个原则，利益回避。认真倾听老百姓的声音，我相信是一个服务型政府最重要的工作。那如何倾听呢？最重要的就是整个行政体系要尽量避免"既做裁判员又做运动员"。为什么公务员加薪会惹出这么大的问题？就是因为人大中的官员代表太多，既当裁判员又当运动员，因此造成非常大的民怨，从而导致官民的对立。这些问题其实是很容易解决的，关键就是要建立起利益回避制度。美国刚建国时，就通过了一个法律："新一届众议员选出之前，任何有关改变参议员和众议员的任职报酬的法律，均不得生效。"这就是众所周知的利益回避制度，谁提涨工资不给谁涨工资，要到他的下一任才开始执行新工资标准。这就阻止了官员在人民委托给他们的岗位上不好好为人民服务、天天琢磨给自己加薪的不道德现象的发生。

第三个原则，要划分市场与政府的界限。"凡属市场能发挥作用的，财税优惠政策等要逐步退出；凡属市场不能有效发挥作用的，政府包括公共财政等要主动补位。"切实做到李克强总理所说的，对于政府"法无授权不可为"，对于市场主体"法无禁止即可为"。

最后，两个目标。第一，服务企业。我举个例子，我们电力制度上存在一些瓶颈，发电企业和用电户对接不顺畅，因为中间有一个垄断集团叫国家电网。发现问题后，政府的角色是研究怎么解决，比如国家做一条主干网，按照成本核算好过网电价，打通上下游。这就是市场不能发挥作用的地方公共财政主动补位。

第二，服务个人。对于我们老百姓最关心的衣食住行，政府应该扮演什么角色？衣服、私家车这些可以完全市场化，政府不用操心；而吃的东西政府就必须强势介入，比如菜市场，我们能不能学习香港，政府买下来，防止最后一公里菜价暴涨。另一方面要严刑峻法保证食品质量，保证老百姓的健康安全。住房是个更好的例子，有钱人去商品房市场，属于市场能发生作用的；穷人优先住保障房，属于市场不能有效发挥作用的，这就是划清界限。

第九章 两会热点分析：百姓关心什么？

一、14年来百姓关注最热民生话题大盘点

2015年的两会期间，出现了很多焦点话题，大家都在争相讨论，媒体报道也是热闹非凡。每年的两会都会提出几千个议案、提案，那么在这些议题当中，老百姓更关心哪一些？从2002年开始，每年两会期间，人民网与《人民日报》都会搞一个社会调查，选出老百姓最关心的十大话题，参与人数高达几百万。这个调查到2015年已经持续了14年。我就根据这14年的数据，统计出现次数最多的热点话题，请看图9-1。

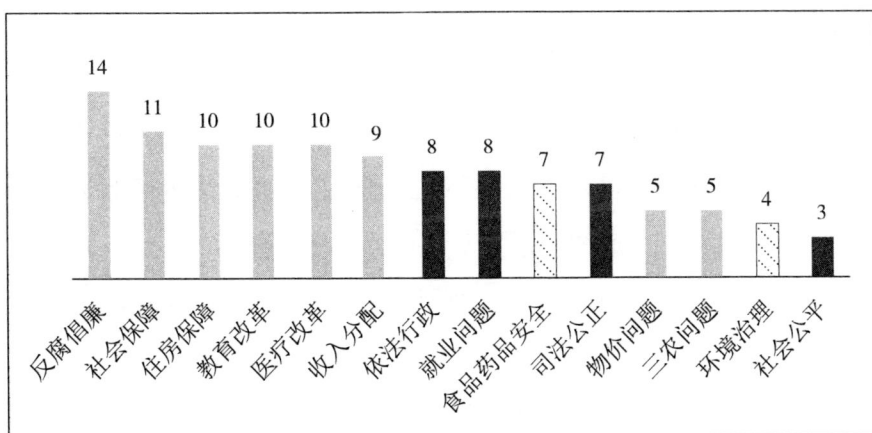

图9-1　14年来民间关注的热点话题

首先给大家解释一下这个图。浅色表示这是老百姓一直非常关心的，尤其是反腐倡廉，每年都在前十大话题之中。斜线表示最近几年重点关注的话题。深色表示曾经关注，但最近几年正在被遗忘的话题。我们一个一个来分析。

从图中我们可以发现，排第一的是反腐倡廉，14 年来每一年都进入十大话题；排第二的是社会保障，11 年进入十大话题；第三是住房保障，10 年；第四是教育改革，10 年；第五是医疗改革，10 年；第六是收入分配，9 年。除此之外还有物价问题和三农问题，都是 5 年。

下面再来看用深色标注的四个话题，依法行政、就业问题、司法公正、社会公平。这几个话题曾经受到社会的普遍关注，连续七八年进入十大话题，然而最近几年却提得很少了，为什么？难道我们的社会真的变得越来越冷漠，"各人自扫门前雪，休管他人瓦上霜"？希望我的判断是错误的。紧接着再来看用斜线标注的，最近几年突然被重点关注的话题，有哪些呢？第一，食品药品安全；第二，环境治理。这说明老百姓对安全、环境、健康的要求越来越高，政府必须对老百姓的这种呼声做出回应。

二、哪些民生领域政府花钱最多？

那么，各地政府做得怎么样呢？我们以北京、上海、广州三个城市为例，看看在 2014 年本级财政支出预算中列出这些项目开支的比重。14 项中有六项政府是直接编列预算来处理的，另有四项有专门的政府部门负责，如反贪局、食品药品监督管理局、司法局、物价局。还有四项属于没办法列出支出的，如收入分配、依法行政、就业问题、社会公平。而在可以列出支出预算的 6 项中，不同城市有自己的侧重点。（见图 9-2，图 9-3，图 9-4）

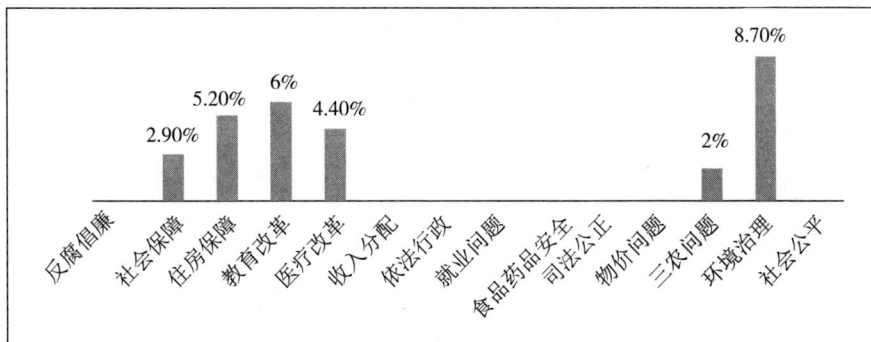

图9-2　2014年北京市本级财政支出预算

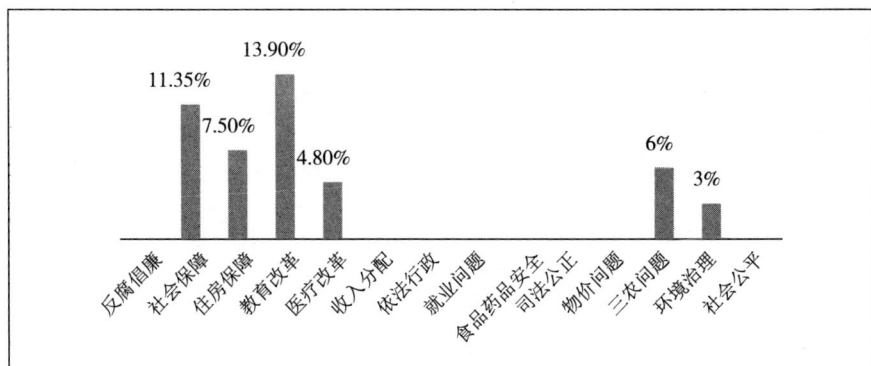

图9-3　2014年上海市本级财政支出预算

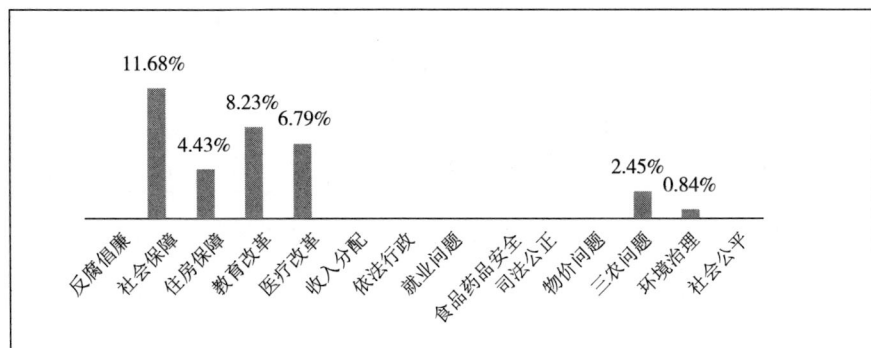

图9-4　2014年广州市本级财政支出预算

以北京为例，六项之中，在环境治理上花的经费是最多的，占 8.7%。为什么？因为在所有大城市中它的污染最严重，雾霾也最严重，国际形象很糟糕。再加上周边的河北省是中国钢铁产业集中区，治理难度很大，所以北京市必须花大力气来整治，在环保上的支出比重是所有大城市中最高的。排第二的是教育改革支出，第三是住房保障。而上海、广州的重点是不一样的，尽管也有雾霾，但是没有北京严重，环境压力相对比北京小一些，因此上海、广州的钱主要花在教育和社保上。上海排第一的是教育改革，占 13.9%；第二社会保障，占 11.35%。广州排第一的是社会保障，占 11.68%；第二教育改革，占 8.23%。

三、细说政府十大民生改革得与失

这六项当中有做得好的，也有做得很糟糕的。接下来我就针对这六大类，重申一下我历来的观点，并看看政府目前到底做得怎么样。

首先谈医疗改革。我提出的观点很明确，叫作"全面覆盖，以富养贫"。现在这个全面覆盖有没有做到呢？我以农村为例。2014 年，农村已经基本实现了每个村都有一个卫生室，并且 98% 以上的村民都加入了合作医疗。小病可以直接报销，大病患者住院费用实际报销比例不低于70%，最高可以达到 90%。

但是请记住，因为医疗是一个无底洞，弹性很大，我们只要进入全面覆盖阶段，一定会导致两个结果。第一，看病质量水平不一，城乡差距很大。第二，如果患者都集中去大城市最好的医院看病，候诊时间一定加长，可能需要排几个小时队才能看病。那怎么办呢？我提出的第二个观点就叫作"以富养贫"。简单来说，就是政府和医院可以制定政策发展高端医疗，让有钱人可以享受绿色通道，不用排队，用最贵的设备和最好的药，但是需要花更多的费用，然后把这个钱用来补贴穷人的全覆盖式医疗，这样就能做到"以富养贫"。

第二，教育改革。关于教育改革我的观点也是八个字："起点平等，选拔公平。"先说起点平等的问题，坦白讲，目前我们的教育起点还不平等，农村和城市的基础教育水平相差非常大。在这点上我们应该学习日本、韩国，采取全国统一的办学标准，推进标准化校园建设，通过立法确定办学标准、实施主体、资金来源等，确保每一个学生都能公平地享受基本的教育条件。这点是我们政府还没有做的。

再来说选拔公平，当前我们的选拔也是不公平的。这次两会，我们正在朝着选拔公平的路上走。2015年3月8日，教育部部长明确提出来，要减少学生加分项目，地方加分项目取消63%。而且从2016年开始，扩大高考统一命题试卷地区范围，确定明年25个省区要采用统一命题的试卷。但我认为，这只是公平的第一步，还是不够的，我希望以后可以全国统一试卷，全国统一录取分数线。为什么要这样呢？例如，同样水平的考生，如果在山东考，只能念三本学校，如果去北京考，也许就能读一本学校，甚至读北大清华。因此我们要呼吁政府继续改革，真正做到统一试卷、统一录取分数线。

第三，三农问题。农业问题是一个重大的问题。在改革开放初期搞家庭联产承包责任制的时候，农业生产发展非常快，农村开始富裕起来。但是请注意，农业附加价值低，工业附加价值高，一旦国家进入工业化时代，附加价值更高的工业会成长得更快，那么相对而言，农村就会变得更贫穷，城乡差距越来越大。这就是为什么三农问题越来越严重。根本的解决方法就是我所建议的，工业反哺农业，这也是全世界的通行做法。

我们目前关于三农的政策方向是对的，2004—2014 年，中央连续发了 11 个关于促进农业农村发展的一号文件，明确提出增加三农投入。对三农的补贴资金从 2007 年的 639 亿元增加到 2012 年的 1923 亿元。到 2012 年，中央财政三农累计支出 4.47 万亿元，年均增长 23.5%。

第四，社会保障。关于社会保障，我也批评过很多次。我们知道社会保障包括工伤保险、失业保险、医疗保险、养老保险等，其中最重要的部分就是养老保险。过去，因为各种原因，中国的居民在养老上被分为三六九等。一等是公务员，不缴养老金，所有开支财政兜底。二等是国企员工，福利优厚。三等是民企、外企职工，一切按照市场规矩来。同等学历、同等职称、同等职务、同等技能，企业职工比政府机关和事业单位职工的养老金低三分之二。四等是农民工，户籍在农村，他们在城市打工的时候，自己要缴纳工资 8% 的养老保险，企业要缴纳其个人工资的 20%，问题是当他回家以后呢？他只能带走自己缴纳的 8%，企业缴纳的 20% 是带不走的，因为我们的养老金不能跨省统筹，这其实就是贫困地区补贴发达地区。你能相信有如此不公平的政策吗？这就是我一直以来痛加批评的地方。值得肯定的是，在 2015 年的两会上，我们终于开始朝正确的方向迈步。

第一项改革就是养老金并轨，这是一项增量改革。以 2014 年 10 月 1 日为节点，这个日期前已退休的公务员和事业单位员工保持现有待遇；在这个日期前参加工作、这个日期后退休的人员，实行过渡性措施，保持待遇水平不降低。在这个日期以后参加工作的机关事业单位人员，就要和社会企业一样，每个月单位缴纳职工工资的 20%、个人缴纳自己工资的 8% 的养老保险。不一样的是，机关事业单位在参加基本养老保险的基础上，还要为其工作人员建立职业年金，这也是退休金的一部分。单位按本单位工资总额的 8% 缴费，个人按本人工资的 4% 缴费。

第二项改革是养老保险全国统筹。人力资源和社会保障部部长尹蔚民表示，全国养老金统筹方案力争在 2015 年出台。按照社会保险的大数法则，实施职工养老保险的全国统筹，可以在全国范围内调剂余缺、分散风险。这也就意味着，到时候农民工可以把单位为自己缴纳的工资的 20% 的养老金带回户籍所在地。

第五，保障房。我对此也有过非常多的批评。保障房不应该只给本地户籍人口居住，而应该给所有有住房需要的低收入人群居住。比如农民工在城市打工，对城市建设贡献那么大，为什么他们不能住保障房呢？来看看我们政府做得怎么样了。重庆、上海分别在 2011 年和 2012 年开始实施不分户籍的公租房政策。2013 年 4 月 3 日，住房和城乡建设部宣布，年底前地级以上城市要明确外来务工人员申请住房保障的条件、程序和轮候规则。2014 年 3 月 28 日，国务院法制办发布《城镇住房保障条例（征求意见稿）》，明确规定，城镇住房保障范围为城镇家庭和在城镇稳定就业的外来务工人员。所以在这一点上，我们目前也在朝一个正确的方向走。

第六，环境问题。这个问题一直为人所诟病，尤其是柴静的《穹顶之下》播出之后，全国震动。那要怎么治理雾霾呢？大家都知道 "APEC 蓝" 吧，它是怎么来的呢？我告诉各位，在 APEC 会议期间，北京周边六个省区实行最高级别减排措施，公车停驶 70%，私家车单双号限行。河北、天津、山东、河南、内蒙古、山西污染工厂全部限排。仅河北一省就有 2000 多家企业停产、1900 多家企业限产、1700 多处工地停工。环保部派出 16 个督查组严格督查。各地一把手直接负责环保，石家庄一地就因此处理了 29 个官员，行政拘留 5 个企业负责人。于是在这么大的力度之下，我们才迎来了几天"APEC 蓝"。可是我们不能天天这样。说到底，环保其实是平衡经济发展和环境保护的关系。最近媒体报道政府对河北省污染型的钢铁厂、砖窑厂予以专项整治，我认为是完全有必要的，我们以前那种粗放型的经济发展方式，现在应该到了一个反思的时刻。

那么除了列出支出预算的这六项之外，对于老百姓关心的反腐败、食品药品安全、依法行政、司法公正等问题，我也简单地谈谈我的观点。

先谈反腐败的问题。所有热点中民间呼声最大的就是反腐，但是长期以来得不到解决，因为我们过去都是治标不治本的运动式反腐。关于这个问题，我此前一直建议政府严格执行预算制度，因为反腐的本质就是预算。美国在 1920 年时，政府也是非常腐败，但是后来为什么能有效地抑制腐败现象？其中最重要的一点就是美国颁布了预算法案。因此我长期以来一再呼吁，政府要推动落实预算制度。

令人高兴的是，2014 年 9 月 26 日，中央政府推出 45 号文件《国务院关于深化预算管理制度改革的决定》，规定各级政府必须严格执行预算制度，预算外不能有收入和支出，预算必须在批准后的 20 天内向社会公布，有人违反预算必须受到严惩。而里面的三大原则也是我所建议的：第一，全面；第二，透明；第三，权威。如果 45 号文件能真正得到落实，如果我们能够有效、全面推动预算制度的话，将会使贪腐空间大幅缩减。因此这个文件的出台是政府改革与反腐败的一个重大进步。

除此之外，2014 年 9 月 21 日，中央政府出台了 43 号文件《国务院关于加强地方政府性债务管理的意见》，将地方政府发债权收归省级政府，遏制中国特色的支出式腐败。因为很多地方政府官员就是通过政府借钱和投资的方式，进行种种权钱交易的腐败。同时，为了能够发债，各省级政府也必须大力改革，提升执政质量，优化财务状况，从而进一步压缩腐败空间。对反腐有积极作用的还有 2014 年 12 月 9 日中央政府出台的 62 号文件《国务院关于清理规范税收等优惠政策的通知》，收回地方政府自行制定招商引资税收优惠政策的权力。地方政府没了招商引资的权力，也就断绝了很大一部分腐败通道，地方官员也能省下三分之二的时间专心搞好服务。

这些文件配合在一起，对于反腐败，我相信可以从根本上、从制度上予以剪除，对此我持正面的评价与乐观的态度。

再说第二点，食品药品安全问题。对于这个问题，我一直提倡建立吹哨人制度以及严刑峻法。首先，要鼓励企业的员工对于自己所在的公司产品质量提出检举。这点美国做得很好，美国的吹哨法案规定，司法部如果收到举报人投诉、告发，决定作为原告参与起诉，举报人可以分到赔偿金额的 15% ~ 25%；如果司法部不参与起诉，举报人可以自行调查、起诉，并可分到赔偿金额的 25% ~ 30%。

现在中国大陆 31 个省（直辖市、自治区）都建立了食品安全有奖举报制度。但是奖励金额上还不够，目前只有广西对奖金不设上限，其余省份奖金最高 30 万元。中国过去发出去的最高举报奖金是 20 万元，而美国高达一亿多美元。我们除了奖励金额少之外，还有一个问题，就是我们对吹哨人的保护还不够好。我举个例子，2014 年 9 月 17 日《京华时报》报道，沃尔玛深圳洪湖店四名员工举报东家使用过期原材料制作熟食，煎炸用油"一个月不换"。一个多月后，这四人全部被沃尔玛公司解聘，理由是他们的行为"严重违反公司规章制度，同时给公司造成重大损害"。这就是政府对吹哨人保护不力，吹哨人权益得不到充分有效保障。

除了建立吹哨人制度，我也曾建议政府用严刑峻法，震慑相关食品药品企业。李克强总理在 2014 年《政府工作报告》中提到："严守法规和标准，用最严格的监管、最严厉的处罚、最严肃的问责，坚决治理餐桌上的污染，切实保障'舌尖上的安全'。"2015年两会期间，国家食品药品监督管理总局法制司副司长陈谓表示，新《食品安全法》最快上半年出台。新法将"建立最严格的全过程的过程控制"，"建立最严格的法律责任制度"。关于过程控制，我也曾探讨过其中的利弊得失，目前能够以这么大的力度来推动，本身就是一个进步。

再说第三点，依法行政的问题。什么叫依法行政？李克强总理对此的解释就是"法定职责必须为、法无授权不可为"。中共十八届四中全会也明确，要"推行地方各级政府及其工作部门权力清单制度"。2015年两会，李克强总理再次说，"要推进权力清单、责任清单，今年是在省一级公布，明年推向市县一级，晾晒清单，让社会监督，也让老百姓明白，权力不能滥用"。

也就是说，依法行政，就是法无授权不可为，要制定市场准入负面清单，让市场的权力回归市场本身，这点非常重要。公布政府权力清单、责任清单，政府到底有多少权责，要让老百姓清清楚楚地知道。政府只能在权限内按照规定去办事，没有权限的事情就不能办，这就是依法行政的基本道理。截至2014年底，国务院共取消、下放部门审批事项538项，初步实现了本届政府任期内国务院部门行政审批事项削减三分之一以上的目标。

最后，谈谈司法公正。司法公正的本质是独立和公开。中共十八届四中全会首先确定地方司法要独立。因为过去地方法院、检察院都是在党委领导下工作，对地方的一把手很难有实际的制约监督作用，而且行使权力的时候也容易受到干涉。那么这一次的改革，就是要推动省以下地方法院、检察院人财物统一管理，目的就是确保司法独立，可以公正行使审判权、检察权。同时，在司法公开方面我们也有很大的进步。

十八届四中全会确定要审判公开、检务公开，录制并保留全程庭审资料，而且还要推动公开法院生效的裁判文书。我相信通过这些改革，我们的司法可以越来越公开透明、公平公正。

第十章　从专车服务看政府与市场的边界

一、出租车司机罢工事件频发，都是专车惹的祸？

进入 2015 年以来，各地的出租车司机罢工事件又开始频繁出现。2015 年 1 月 4 日，沈阳数十辆出租车在浑南新区奥体中心附近停靠聚集罢工；就在同一日，浙江东阳市上百辆出租车聚集在市政府广场门口，整齐停放，共同"休眠"；1 月 8 日，高铁南京南站发生出租车集体罢运。出租车司机们抗议的无非是两条：第一，份子钱太高；第二，专车服务严重减少了他们的收入。可以说，在份子钱长期高居不下的情况下，专车服务成为压垮出租车司机的最后一根稻草。

例如，杭州出租车电召平台以前每天的发单量都在七八千，自从打车软件的专车业务出现后，平台目前每天的发单量变成了 5000 左右。同样的，出现专车业务以来，济南平均每辆出租车每天的接单量从原来的 31 个下降到 24 ~ 25 个，司机一个月少挣 1000 元。于是在出租车司机的压力下，全国各地有了轰轰烈烈的"查处专车行动"，北京、上海、广州、杭州、沈阳、济南等大中城市都在其中。

那么，究竟什么是专车业务呢？目前打车软件的专车服务有两种。

一种是私家车和社会车辆，司机装一个手机终端就能接活儿，这是违法的。依照《无照经营查处取缔办法》（中华人民共和国国务院令第370号）第4条，这种行为属于未取得运营资格擅自从事非法运营，等于我们平时所说的"黑车"。全国各地查处的主要是这种类型。2014年12月25日，上海通报已查扣12辆滴滴专车，其中5辆车的驾驶员各被行政罚款1万元。而北京T3航站楼也抓到数辆私家车从事专车运营。

另一种是汽车租赁公司和滴滴、快的打车签订协议，提供专车服务。这等于打车软件公司和打车人租赁汽车，再另外从劳务公司聘请司机提供专车服务。这样，叫车平台、汽车租赁公司、劳务公司、用户形成四方协议关系，为民事合同关系。这种类型的专车服务在北京、上海等绝大部分城市都是合法的，政府也没有取缔这种行为。

但也有少数城市例外，如广州和沈阳就认定汽车租赁公司不能进行专车服务。《广州市客车租赁管理办法》规定，租赁车不得从事或者变相从事营业性道路运输。交管部门根据这一条认定租赁车提供专车服务是违法的，这就涉及法律的解释权问题。沈阳市交通局则并不指明该条政策的法律依据，直接表示：在未取得出租汽车经营许可的情况下，以提供"专车"或"商务租车"服务为名的营运行为，都属于非法营运。

二、"法无禁止即可为"：市场的边界在哪里？

对于专车服务，我的态度是，应该允许汽车租赁公司进行专车服务，因为法律没有明确禁止。党的十八届三中全会明确提出，要让市场在资源配置中起决定性作用。对于市场行为，"法无禁止即可为"，政府部门不能披着看似合法的外衣，将共享经济的创新萌芽乱棒打死，充当某些垄断利益的保护伞。而且接下来，我们应该要进行两方面的工作。

第一，不能任意限制从事专车服务的汽车租赁公司的购车数量，因为一旦规定了数量，就等于另一种形式的出租车管制，出租车牌照就又变成稀缺资源，从而导致靠出租牌照过日子的食利阶层的出现。第二，应该逐步允许符合条件的私家车辆进行专车服务，这样才能充分利用社会资源，降低交易成本。当然了，为了保证乘客的乘车安全，可以提高私家车司机进入这个领域的门槛，比如必须安全驾驶多少年、没有酒驾记录等；为了提高管理质量，可以对参与专车服务的私家车多收一些保险费、车船税，提高第三方责任险投保额，提高验车频次等。这些都是技术手段，很容易做到，但首先是要把这个市场放开。

对于党的十八届三中全会提出的市场行为"法无禁止即可为"，其实政府在这方面有做得很好的案例，其中最典型的就是对"代驾"的态度。为什么会有代驾市场出现呢？因为从 2011 年 5 月 1 日起，酒驾被明确规定为刑事责任行为，代驾行业随之而起。一开始也经历了一段时间的无序发展，因代驾引起的消费纠纷层出不穷。但是政府并没有简单地取缔代驾服务，而是逐步出台法律来规范这个市场。据媒体报道，中国汽车流通协会制定的代驾行业标准已经基本完成，即将发布，对代驾企业与代驾司机都列出了明确规范，未来代驾司机也将实现持证上岗。那么，对于专车服务，我希望政府也持同样的开放态度，逐步规范市场，而不是一味打压取缔。

三、只有开放牌照才能真正保障出租车司机利益

下面问题来了：如果放开专车服务，那如何保障出租车司机的利益呢？其实，目前司机们罢工抗争，他们真正的敌人是"份子钱"，而不是专车服务。为了保障出租车司机的利益，我们应该做的不是把专车服务

掐死，而是改革出租车公司。

全世界的出租车运营简单说就是两种模式：一种是限制牌照，如中国大陆、中国香港、美国纽约；一种是牌照免费，如中国台湾、日本。

可以说，香港、纽约模式都存在严重剥削出租车司机的问题。香港严格控制出租车牌照数量，一个牌照要几百万港元，价格随行就市波动。出租车司机只能向车主或车行租借，一天租金 600 港元，扣除租金和油钱后，每天净收入 400 ~ 550 港元，月收入在 12000 港元左右，属中下水平。

纽约的出租车经营虽然分为独立车主和公司车队两种，但无一幸免都要上交份子钱，在纽约叫车库费。出租车司机如果开公司的车，每天需上缴的车库费从 90 美元到 120 美元不等，油钱自付。而只拥有一辆出租车的独立车主每天也要交 100 美元左右车库费，占到了毛收入的一半。纽约的出租车司机年收入约 3 万美元，低于全美平均收入 5 万美元。相对来说，北京的出租车司机还稍好一些，年收入约 54000 元，低于社会平均工资 10% 左右。而如果不用交份子钱呢？在纽约，与 Uber 公司签约的"Uber X"司机的年收入中值近 9.1 万美元，是美国普通出租车司机年收入的三倍。

我们再来看看中国台湾和日本的免费牌照模式。

中国台湾过去和大陆一样，出租车必须"靠行"，司机每月不仅要交给车行 2000 元新台币的管理费，而且要交 10 万元新台币的牌照使用费。1998 年，台湾全面放开出租车牌照申领。想入行者，只要拥有职业驾照，没有犯罪记录，通过路况熟悉程度等测验，取得合格成绩单后即可拿到执业登记证。新入行司机一般通过车行或出租车合作社拿到牌照，缴纳每月几百元到一千多元新台币不等的管理费。只要司机连续几年在出租车行业执业，没有违规违法行为，就可以申请个人牌照，成为"个人车行"，无需再缴纳管理费。1998 年，台湾地区出租车数量当年达到约 11 万辆的历史最高峰，老百姓打车异常方便，甚至出现供过于求。于是政府只开放"优良驾驶人"的个人牌照申请，原有司机退休后车牌必须交回，形成良性淘汰。2013 年，台湾地区共有出租车 8.7 万多辆，整个出租车市场非常健康，基本上听不到老百姓有什么抱怨。

而日本出租车分为个人和公司两种模式。公司模式出租车实行统一管理制度，公司负责承担买车、油费、保养、停车等费用，这和中国不一样。出租车司机的收入分为固定收入和提成两部分，在一定营业额以内只有固定收入，超出一定营业额的部分可以获得提成，司机拿到的提成比例通常在 50% ~ 60%。这样就大大提高了出租车司机的收入，如东京"飞鸟"出租车公司，司机每月工作 11 天就可以，去除保险等各种费用，每月实际所得为 20 万 ~ 25 万日元，相当于一个刚毕业大学生的月薪，属于中等收入水平。比较而言，日本出租车司机的收入为其每月营业额的 50%，收入比例是北京出租车司机的两倍，而工作时间是北京出租车司机的一半。

在日本个人如果愿意，也能申请自己从事出租车服务，但条件苛刻。申请人必须拥有出租车或巴士驾驶经验 10 年以上，且在自己希望运营的区域内拥有 5 年以上驾驶经验，5 年内无事故、3 年内无违章。如果申请人未满 35 岁，无违章、无事故记录则需持续 10 年。目前日本由个人运营的出租车约占出租车总数的 16.8%。个人运营出租车没有任何份子钱，收入全归自己。

对比这两种模式，我当然更建议采用日本和中国台湾的牌照免费模式，只要出租车司机达到规定的驾驶水平，车辆达到规定的安全标准，出租车牌照就应该免费供应。原因很简单，牌照免费，中间就没有食利阶层。并且从全世界来看，彻底放开出租车经营的结果都是服务变好、价格下降。如 2000 年爱尔兰取消出租车管制以后，出租车数量增长了 2 ～ 3 倍，乘客平均等候时间从原来的 1 小时降到 20 分钟以内，33% 的人 5 分钟以内就能打到出租车，90% 以上的受访消费者对出租车总体服务质量表示满意。新西兰在取消出租车数量和费率管制后，出租车数量上升 2 ～ 3 倍，费率下降了 15% ～ 25%。

四、以 Uber 为例：市场创新需要政府持开放心态

如果放开出租车牌照，不仅能明显提升出租车司机的收入，我们也能和全世界一样迎接 Uber、滴滴专车、快的专车这样的创新服务。2015 年 1 月 7 日，新华网对此评论说："专车服务是一种创新的方式，源起于大城市交通服务供需不平衡，是对现有社会资源的再分配，体现了共享经济的发展趋势，深受社会欢迎。放眼国外，这种共享经济模式在美国等发达国家'一路狂奔'，市场份额预计在 1100 亿美元以上。这种符合共享经济发展趋势的专车模式，却成了有些部门的'眼中钉''肉中刺'。究其根源，是因为专车服务撼动了出租车的封闭垄断地位，动了某些既得利益集团的'奶酪'。"

我们知道，Uber 是专车服务的创始公司，于 2009 年成立，现在估值 400 亿美元。这家公司没有一辆汽车，也不雇用一个司机，但它的服务却覆盖了 64% 的美国人口，并且已经在 51 个国家和地区的 254 座城市提供服务。我们的滴滴、快的都是学习它的模式。Uber 的商业策略是一开始从高端服务切入，然后再进入低价市场。Uber 刚开始提供的都是配司机的豪华车，包括凯迪拉克、宝马、奔驰等，费用是同样路程的出租车费

的两倍。随后推出低价的 Uber X 项目，提供丰田普锐斯和大众捷达等车型的轿车，价格也随之开始下调，比普通出租车的价格低 10%。

当然，Uber 的服务模式也不是畅通无阻，同样在很多国家和地区遭到封杀，并且出租车公司势力越大的地方 Uber 的阻力就越大。如泰国就明令禁止所有 App 叫车服务。泰国的出租车份子钱新车每人每天 550 泰铢，旧车每人每天 300 ~ 350 泰铢。汽油费由司机自己负担，一般每车每天约行驶 200 公里，油费约需 300 泰铢。出租车司机每天工作 12 个小时，收入仅有大约 300 泰铢。也就是说，泰国出租车司机的收入比例和北京司机差不多，40% 上交份子钱，30% 油钱，30% 是自己的。这样的地方出租车势力当然强大，Uber 被叫停就不奇怪了。在印度新德里，在传出女性乘客遭 Uber 驾驶司机性侵案后，印度政府勒令未经许可的网络叫车公司一律禁止营运。明眼人一下就能看出来，这分明是一个刑事案件，而且强奸案在印度之普遍令人咋舌。此次案件被当成了叫停 Uber 的一个借口。不过，Uber 在一些国家和地区是真的违反了当地的法律，比如德国规定出租车不能拒载，但是 Uber 的车主是可以选择不接单的，因此被叫停。在有的国家是因为这些车没有保险而从事运营而被叫停。这些被叫停的理由可以理解，也是帮助 Uber 不断改进完善自身服务的一种动力。

第十一章　自贸区扩围：市场倒逼改革

一、以自贸区突围TPP，胜算几何？

2015年3月24日，习近平总书记主持中共中央政治局会议，审议通过广东（南沙、前海蛇口、珠海横琴）、天津（滨海新区）、福建（福州、厦门、平潭）自由贸易试验区总体方案，在全国范围内复制上海自贸区经验。除此之外，一些保税区也开始推广上海自由贸易区的经验，如青岛、济南、哈尔滨、武汉等。

关于上海自由贸易区，我早在2013年10月的节目中就谈过，当时我是这么说的：为什么要成立上海自由贸易区？就是为了应对美国打造的跨太平洋伙伴关系协定（TPP）。中国在加入世贸以后整个贸易量突飞猛进，到2012年，中国已经取代美国成为全世界最大的贸易国。2012年俄罗斯也加入了世贸，那么请大家想一想，如果全世界所有国家都加入世贸的话，请问世贸还有意义吗？没了世贸，那么西方国家要如何保障自己的既得利益呢？那就要成立一个新的世贸了。关于这个新世贸，我曾经取过一个名字，叫作ABC世贸（Anyone But China），排除中国在外的世贸组织，也就是现在美国一手打造的TPP。当然除了跨太平洋伙伴关系协定，还有跨大西洋贸易与投资伙伴关系协定（TTIP），我们在这里只谈前者。

为什么 TPP 叫"排除中国在外的世贸"呢？因为要加入 TPP 的话必须开放三大产业——第一农业，第二工业，第三服务业。

第一，农业。美国很清楚自己可以开放，地广人稀的加拿大、澳大利亚、新西兰等也可以开放，但中国开放不了，不光中国开放不了，德国、韩国、日本等都很难开放。为什么？这事关粮食安全问题。习近平主席讲得非常清楚，我们的农业是不能开放的。2013 年 11 月 28 日，习近平主席在山东农科院召开座谈会时说："手中有粮，心中不慌。保障粮食安全对中国来说是永恒的课题，任何时候都不能放松。历史经验告诉我们，一旦发生大饥荒，有钱也没用。解决 13 亿人吃饭问题，要坚持立足国内。"对此我是非常赞同的。不仅是我们，韩国跟日本也是很难开放农业，像韩国的牛肉敢开放吗？日本的很多议员都是农村选出来的，农民有非常强大的话语权。这也是为什么日本、韩国加入 TPP 这么困难。

第二，工业。表面上我们是开放工业的，但有一系列限制性规定：比如外资可以投资煤矿和城市的供水、燃气，但必须是中方控股；可以投资石油、天然气开采，但必须合资合作；可以投资汽车生产，但中方股份不得低于 50%。

第三，服务业。我们大部分服务业都开放了，可是金融业我们敢开放吗？人民币直到今天也不能自由兑换。外资可以投资证券公司，但是持股不能超过 49%，而且只能投资国内的股票和债券。

如此看来，三大产业我们都很难做到完全开放，不可能达到 TPP 的开放规模和要求，也就无法加入 TPP。一旦 TPP 建成，越南、马来西亚这些国家将取代我们在低端制造业的位置，美国、日本将进一步限制中国高端制造业的发展，从而把中国排除在世界新秩序之外。于是我们寄希望于上海自由贸易区，做一个试点，看看在自贸区中能不能先开放这三大产业。但根据我的评估，三大产业即使在自贸区里面也是不能完全开放的。因此我当时对自贸区的前景看法比较负面。上海自贸区成立两年之后，我当时的观点完全得到了印证，自贸区的推动是非常困难的。让我们看看其他媒体是怎么说的。

《华尔街日报》2014年9月29日称"自贸区成果寥寥"；BBC中文网认为"突破不多"；《金融时报》2014年9月28日称"投资者对于上海自由贸易区成立一年来在放松资本管制和推行其他金融改革方面进展缓慢，他们感到失望"；《商业周刊》2014年第12期称"记者调查发现，自贸区内买海鲜的人比办注册的人多，金融开放技术至今无解"。自贸区内注册企业超过12000多家，真正在运作的只有300家。因为大家不明白规则怎么玩，除了来购物想不到什么其他事。于是大家都去自贸区买东西了，食品类的基本能打7折，奢侈品打9折，过季商品再打6折。

既然没办法通过上海自贸区对抗TPP，我们想出了其他办法，成立亚太自由贸易协定（FTAAP），国家一个一个谈。我们先后确定了中韩自贸区、中澳自贸区。据彼得森国际经济研究所估算，一旦建成FTAAP，美国出口将增加6260亿美元，中国出口将增加16000亿美元；而TPP建成，中国出口将减少1000亿美元，美国的出口只能增加1910亿美元，如图11-1所示。FTAAP和TPP最后到底谁能胜出，目前难以判断。但我个人觉得我们的胜算会大一点。因为我们不预设条件，也不排除任何国家在外，这种开放度是TPP没有的，我乐观其成。

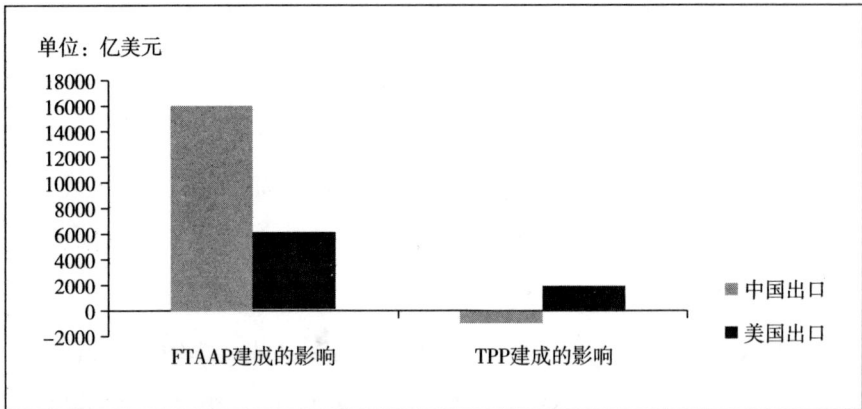

图11-1　FTAAP与TPP建成后中美两国出口对比

二、借自贸区服务民生，打造民生经济

当然了，我们的上海自贸区也不是完全没用，它已经成为中央改革的一个有力工具，而且这个工具特别好使。简单来说就是用市场的力量倒逼改革，打破利益集团的垄断。而且我们从长远看，如果能够持续下去，这个力度并不比1978年改革开放的效果差。因为自贸区的改革要在全国推广。如果中央想做什么，首先在自贸区里面试验，然后各地就会拿去用。

比如，我们老百姓中有一些比较富裕的人常常跑到韩国、日本采购，甚至跑到日本去买杭州制造的马桶盖。我们能不能把这种庞大的消费留在国内？我觉得自贸区可以做到这一点，像上海就有很多老百姓去自贸区购买海鲜和进口食品，说明自贸区完全可以满足老百姓这方面的需求。

已经有一些保税区开始学习上海自贸区模式，建立保税区超市，如山东的济南保税区和青岛保税区。2014年10月20日，青岛保税区进口商品展示交易中心正式开门营业，主营食品和日化用品，同类商品价格比市价低10%～30%。2015年4月4日，济南综合保税区国际商品展示交易中心开门营业，几千人排队购买国外食品、酒水、日用百货、母婴用品等商品，价格比超市便宜 20%～30%。结果第一天货架就被抢空了，所以郭树清有底气在两会上说：我们山东人保证不会去香港抢奶粉。类似的还有武汉、哈尔滨等，都在陆续建保税区超市，结果就是进口商品价格回落。我们以最典型的奶粉为例，请看图 11-2。

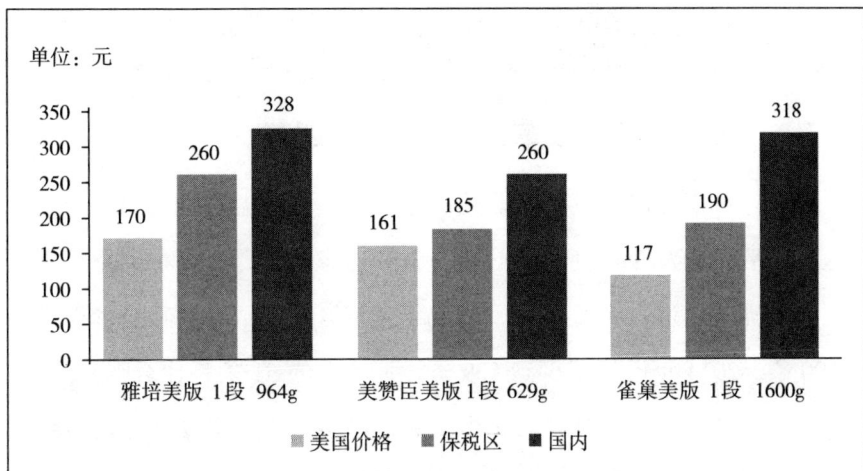

图 11-2　美国、保税区与国内奶粉价格比较

从图中看出，雅培奶粉在美国卖 170 元，在保税区卖 260 元，在国内的超市卖 328 元；美赞臣奶粉在美国卖 161 元，在保税区卖 185 元，在国内超市卖 260 元；雀巢奶粉在美国卖 117 元，在保税区卖 190 元，在国内超市卖 318 元。保税区进口奶粉价格比国内超市便宜了 20%～40%。在最近 5 年时间里，进口奶粉价格的年均涨幅普遍在 10% 以上，但从 2014 年 7 月开始，中国的奶粉大降价，原装进口的奶粉价格普遍下跌 20%～30%。其中很重要的原因就是各地保税区的出现，这就是充分竞争的好处。

并且保税区商品不仅在实体店可以购买，在网上也可以购买了。比如说美国亚马逊正在和上海自贸区谈合作，准备搞一个"备货"模式。什么意思？就是将货品先运到上海自由贸易区内，收到订单后从自贸区的仓库直接送到消费者手里。通过这种备货模式，进口关税和增值税比普通进口商品要低很多，因此价格比市场便宜10% ~ 30%。有了这个优势，相信其他的跨境电商也会很快进驻自贸区，这将是一个欣欣向荣的行业。

这是目前我看到的第一个亮点，将庞大的消费留在国内。

三、借自贸区倒逼改革，打破利益集团垄断

我们以汽车为例。汽车行业的利益集团是我们老百姓最痛恨的，合资这么久后国内汽车厂商毫无建树，就知道赚钱。那么这种利益集团怎么被打破呢？通过自由贸易区。2013年自贸区负面清单的特别管理措施有190条，2014年已经减少到139条。那减少的51条是什么呢？举例：允许外商以独资的形式从事汽车电子总线网络技术、电动助力转向系统电子控制器的制造与研发；允许外商以独资形式从事豪华邮轮、游艇的设计；允许外商以独资形式从事船舶舱室机械的设计；允许外商以独资的形式从事航空发动机零部件的设计、制造和维修；允许外商以独资的形式投资与高速铁路、铁路客运专线、城际铁路及城市轨道交通配套的乘客服务设施和设备的研发、设计与制造。

好，各位请注意，也就是说包括汽车、火车、飞机、轮船等主要交通设备的零配件研发都允许外资以独资形式来从事。那么请再想想，这些交通设备的生产制造，不就是把一切零配件组合在一起成为一件成品吗？如果今后自贸区允许外资以独资形式生产所有的零配件的话，一夜之间一汽、二汽这些企业都可以直接宣布倒闭，因为它们已经完全不会造车了。因此，自贸区是通过市场的力量倒逼这些庞大的利益集团进行改革。

当然，我必须强调一点，外资企业也同样是利益集团，最明显的就是外资以 4S 店的形式垄断了汽车销售环节，而且垄断利润非常高。而现在自贸区推行的汽车平行进口政策可以一下子打破这种垄断。以 2014 年为例，我国进口车销量已经超过了 120 万辆，其中平行进口车销量为 10 万辆左右，仅天津就进口了 7 万辆。请看图 11-3。

单位：万元

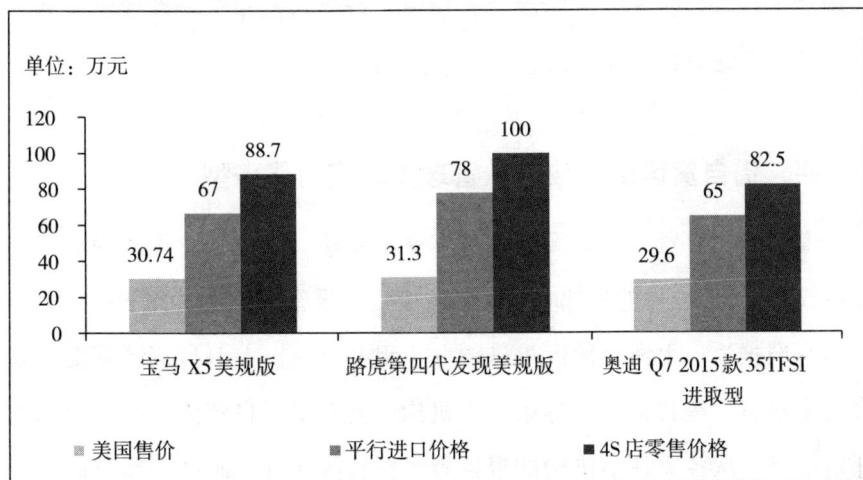

图 11-3　汽车价格对比

从图中我们可以看到，宝马 X5 在美国售价 30.74 万元，平行进口价格为 67 万元，国内 4S 店价格为 88.7 万元；路虎第四代，美国售价 31.3 万元，平行进口价格为 78 万元，国内 4S 店价格为 100 万；奥迪 Q7，美国零售价 29.6 万元，平行进口价格为 65 万元，国内 4S 店价格为 82.5 万元。

也就是说，平行进口汽车价格已经比国内 4S 店便宜了 20% ~ 25%，但是和美国价格相比还贵 120% 左右，为什么？因为我们的税率特别高，而目前自贸区对汽车没有任何的减税措施。综合税率 = 基本关税 (25%)+ 消费税 (9% ~ 40%，根据排量)+ 增值税 (17%)+ 其他税种（根据排量），总计 120% 左右。换句话讲，在不减税的情况下，平行进口车的价格已经是最低，基本没有降价的空间了。通过在自贸区推行平行进口车政策，过去 4S 店加价提车的暴利时代基本结束了，这对于消费者应该是一个重大利好。

并且，以前我们担心平行进口车的维修，2014 年上海市政府发布《上海国际贸易中心建设 2014—2015 年重点工作安排》，指出推动自贸试验区内"平行进口汽车"政策试点，建设平行进口汽车综合性展示交易平台和综合维修中心，可以完全解决这个问题。

四、借自贸区促进政府从管理型转变为服务型

说到底，自贸区的负面清单其实就是在落实李克强总理所说的"法无授权不可为"，目的是把政府从管理型变成服务型。据 2014 年 11 月 14 日新华网报道，上海自贸区推进领导小组办公室、上海自贸区管委会联合普华永道管理咨询公司等第三方机构，公布了对自贸区运行一年来的评估结果。从各家评估机构的报告看，自贸区在管理制度创新方面有突破性进展，体现了从管制型政府向服务型政府的转变。

例如，自贸区推出了"单一窗口"制度，自贸区内六大服务一个地方解决：货物进出口（包括进出口申报、国际转运申报等）、运输工具（包括船舶申报、航空器申报等）、进出口许可、支付结算（包括关税支付、规费缴纳、外汇结算、出口退税等）、企业资质（包括对外贸易经营资格、货物申报资质等）和信息查询。这几项服务推出后，货物进境到进口通关的时间缩短了 50%：进口工业品从 7～8 个工作日缩短至 3～4 个工作日，进口化妆品从 12 个工作日缩短到 5 个工作日，进口酒类更是从 15 个工作日缩短至 3 个工作日。这就是服务型政府的直接体现。

五、借自贸区提升中国国际金融能力

坦白讲，目前自贸区在金融改革方面有一些亮点，但是进展比较缓慢，做得还远远不够。在这里我列举了以下四点，虽然这四点有的只是跨了一小步，但希望自贸区能沿着这个方向走下去，最终实现一个质的突破。

第一，人民币海外借款。自贸区内的企业目前无直接的税收优惠，但是可以申请境外贷款。我们知道美元、日元的贷款年利率只有 2% ~ 4%，香港目前沉淀有 1 万多亿元人民币，这些地区的融资成本都远低于国内大陆地区。自贸区内的企业可以申请这种海外贷款，这似乎是目前唯一的直接优惠。

第二，人民币定价黄金。2014 年 9 月 18 日，上海正式启动黄金国际板，引入国际投资者参与上海黄金交易所以人民币计价的黄金、白银等贵金属产品交易，同时利用上海自贸区的优势，为参与者提供实物黄金转口服务。截至 2015 年 2 月末，国际板黄金合约共计成交 415 吨，成交金额超 1000 亿元，吸引 60 多个国家和地区参与。

第三，人民币定价大宗商品。《中国（上海）自由贸易试验区总体方案》提出："探索在试验区内设立国际大宗商品交易和资源配置平台，开展能源产品、基本工业原料和大宗农产品的国际贸易。扩大完善期货保税交割试点，拓展仓单质押融资等功能。"在集装箱吞吐量世界前十大港口中，中国占了七个，但这些商品的进口执行价都是依据国际市场不同交易所的价格确定的，比如金属定价权就掌握在伦敦金属交易所手中。以铜为例，中国每年的铜需求量超过 800 万吨，占全球消费总量的 43%，上海是最主要的进口口岸，但是我们上海连一个交割仓库都没有，根本无法影响国际价格，更不要说定价权了。因此，自贸区的重要功能之一就是要打造大宗商品交易中心，和伦敦、纽约的期货交易所竞争，取得发言权，争夺定价权。在这一点上，我们还有很长的路要走。

第四，人民币个人境外投资。2015 年 3 月，上海联合"一行三会"制定了自贸区和上海国际金融中心联动的方案，即"新 51 条"。《中国证券报》3 月 18 日披露，上海自贸区 2015 年争取启动"自贸试验区合格的个人境外投资试点"（QDII），将探索给予自贸试验区内的居民一定额度，试点到境外进行投资，包括移民投资、房地产投资、境外证券投资和境外实业投资等。同时考虑在自贸试验区内，每人每年无条件换汇额度从目前的 5 万美元相应提高。不过截至目前还没有细则出台。

总结一下，对于上海自贸区目前所发挥的作用，第一，对打造民生经济我是持肯定态度。第二，市场倒逼改革，打破利益集团垄断，也是一个重大亮点。第三，打造服务型政府，这其实不是一个自贸区的事，而是整个中国各级政府都要转变，在全国推动建立服务型政府。第四，金融改革方面，我认为既要稳步推进，又要持有应有的谨慎态度。比如关于资本适度开放的问题，我个人比较保守，资本开放要以人民币汇率的稳健为前提。

第十二章　藏汇于国不如藏汇于民

一、以数据说话：中国真的是外汇储备大国吗？

2014年6月19日，中国国家外汇管理局发布消息称，截至一季度末，中国外汇储备总额达3.94万亿美元，居世界第一，占全球外储总量的三分之一。根据美国财政部公布的数据，截至2014年4月底，我们持有美债1.2632万亿美元，中国依然是美国最大的债权国。大家看了这些数据，是不是又一次自豪感爆棚，觉得中国什么都很牛？但我要告诉你，你能想到的都是错的。

事情的真相是，美国、英国才是真正的外汇持有大国。为什么这么说？你可能觉得我危言耸听，那么我还是以数据说话，请看图12-1。根据国家发改委主管的中国国际经济交流中心的研究数据，截至2010年，日本、德国、英国、美国的民间外汇资产分别高达4.99万亿美元、6.91万亿美元、12.78万亿美元和15.4万亿美元。而2010年中国的民间外汇大概1500亿美元，现在也只有约2500亿美元，和上述这些国家根本不能相比。

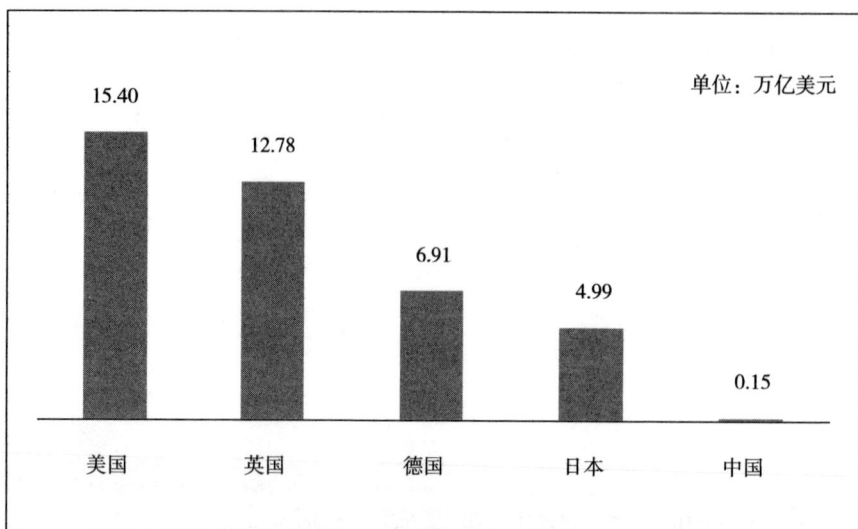

单位：万亿美元

15.40 美国
12.78 英国
6.91 德国
4.99 日本
0.15 中国

图 12-1　2010 年各国民间外汇总额

因此，我们不能只盯着政府手中那点儿钱，说我们外汇储备很多。我们的官方外汇储备 3.94 万亿美元，加上民间的 0.25 万亿美元，所有外汇储备加在一起总共才 4.19 万亿美元，还抵不过 2010 年的日本民间外汇储备。所以不要再幻想我们是外汇储备大国了。

二、中国外汇储备一直居高不下的原因何在？

中国的巨额外汇储备是通过强制结汇建立的。企业用衬衫、手机、矿产出口换来的美元必须按照固定汇率强制换成人民币，为国家积累外汇。因此改革开放以来，我们的外汇储备迅速增长，从 1978 年的 1.67 亿美元一路增长到 1988 年的 33.72 亿美元、1998 年的 1449.6 亿美元、2008 年的 1.95 万亿美元。2008 年我们政府开始意识到，官方外汇储备太多了。所以当年修订了《外汇管理条例》，明确企业和个人可以按规定保留外汇或者将外汇卖给银行，这意味着中国已经放弃强制结汇政策。

但是，即便允许企业持有外汇，从 2008 年到现在，外汇储备还是从 1.95 万亿美元上升到 3.94 万亿美元，又增加了一倍。这是什么原因呢？以美国为首的西方国家不断给中国施压，要求人民币升值，人民币升值压力巨大。2008 年人民币兑美元是 7.1 : 1，到 2013 年底人民币兑美元达到了 6.05 : 1，升值 18%。随着人民币汇率不断上升，企业为了保值，不会持有外汇，而是在赚到美元后的第一时间兑换成人民币。这就是造成我们的外汇储备一直居高不下的原因。

2014 年 5 月 12 日，李克强总理在非洲访问期间提到："比较多的外汇储备已经是我们很大的负担，因为它要变成本国的基础货币，会影响通货膨胀。"国务院发展研究中心金融研究所所长夏斌在其著作《十问中国金融未来》中指出："2003 年以来，人民银行几乎没有再给四大商业银行贷款，那社会上为什么会有这么多钱？基本上都是人民银行通过买进外汇的形式，投放了人民币。"

请看图 12-2，2003—2013 年中国货币（M2）增长率。可以说，2003—2008 年，我们的货币发行完全被外汇所主导，美元实际上成为了央行投放人民币的唯一渠道。这种高能货币迅速增加导致 M2 增速很快，通货膨胀压力很大。2009 年，因为全球金融危机，我们自己推出了 4 万亿，4 万亿信贷创造货币的能力也很强大，迅速拉升房价、物价。4 万亿的影响一直持续到 2012 年，2012 年我们的制造业开始向外转移，热钱开始外流，外汇储备减少，所以当年创造货币主要是靠信贷。考虑一个最完美的情况，如果我们不强制结汇，让汇率市场正常发展，可能我们的通货膨胀将降到 2% 的正常水平。

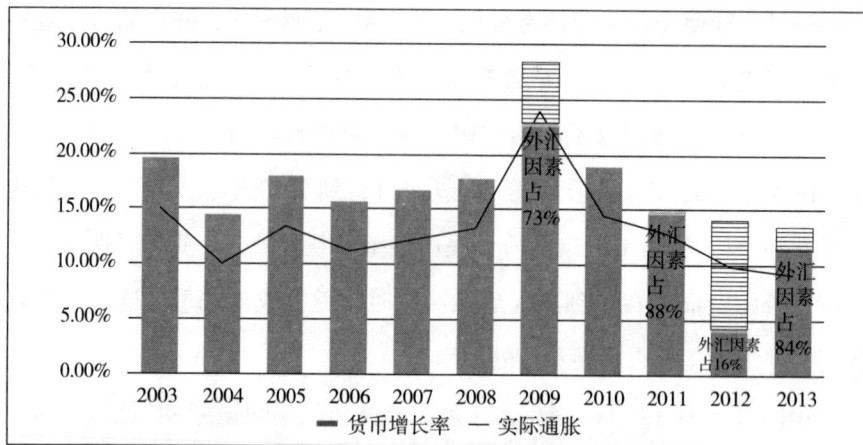

图 12-2　2003—2013 年中国货币(M2)增长率

三、"渡边太太"的故事：为什么要藏汇于民

藏汇于民的口号从 2011 年起周小川就一直在提，但一直没有推出具体的政策。我们目前的政策是企业可以保有外汇，而老百姓一年的购汇额度只有 5 万美元。无论是企业还是老百姓都不可以直接进行海外投资，而必须通过银监会和外汇局批准的 17 家机构来进行，包括 16 家商业银行和 1 家基金管理公司。其实，如果能做到藏汇于民，让企业和老百姓自己进行外汇投资，国家反而是最大的受益者。为什么这么说？

我以黄金为例。2009 年以后中国就没有公布过黄金储备量，一直停留在 1054 吨，但按照我们的推算以及国际上的猜测，中国目前的实际黄金储备量可能是公布的 2.5 倍。自 2003 年以来，央行没有在国际市场上买过黄金，那中国的黄金储备量是怎么增加的？完全是通过国内杂金提纯以及国内市场交易的方式实现的。原因很简单，我们开放了民间黄金进口，老百姓自然就会去进行买卖，现在国内大陆地区的民间黄金储备量已经非常可观。仅仅 2013 年我们就从香港进口了 1158 吨黄金，比官方公布的黄金储备还多，而国内大陆地区一年的黄金消费量已经突破1000吨。

外汇的道理也一样。只要允许企业直接投资海外，允许合格的民营财务公司做外汇兑换，允许老百姓自己开账户炒外汇，我们的外汇储备就会自然而然多起来。如果有一天央行需要欧元了，不必通过国际市场，可以直接在国内市场上购买，人民币不就逐步实现市场化了吗？

下面我分别来说说企业投资外汇和老百姓投资外汇。企业投资外汇的目的和个人不一样，企业是以对冲风险为主要目的，不仅仅是为了赚钱。尤其是跨国公司，通常会通过外汇期货规避汇率波动风险。而我们的外贸企业最缺乏的就是这种衍生工具。

并且，正常的企业如果有了充足的现金流，通常会扩大再生产，或者股利分红，或者购买上下游和自己相关的企业股票，基本不会拿着钱去外汇市场套利或者投资乱七八糟的东西。请看图 12-3，我们把苹果、谷歌、微软这三家公司的利息收益相加，除以它们的投资组合平均规模，可以对它们的投资回报有个大体了解：苹果的投资组合中有 36% 投资美国国债，历年的总投资回报率仅为 0.53%；微软和谷歌的投资组合中有 50% 投资美国国债，历年的总投资回报率分别为 1.52% 和 1.47%。而对比中国的外汇储备投资组合，别看我们投资美债只有 32%，要是加上投资欧元债券的比例，我们债权投资占比应该在 40% ~ 50%，和这些大公司投资比例基本一样。也就是说，如果我们真的藏汇于民了，企业干的事情和外汇管理局差不多，我们还需要外汇管理局吗？

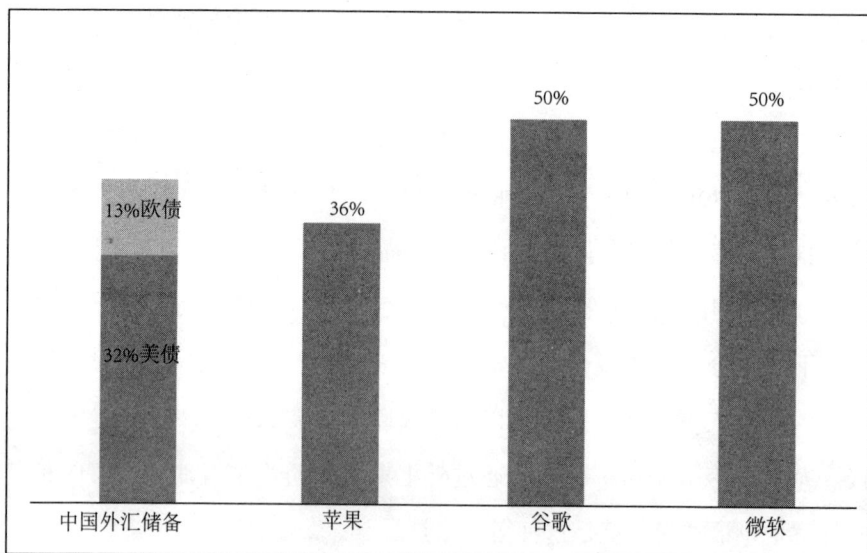

图 12-3 跨国公司投资美国国债比重

对于企业来说，这样做的好处是在需要现金的时候随时可以提取。摩根大通对此表示："它们没有把自己持有的现金当作一个对冲基金来运行，而是把它视为一个流动性资产组合，主要满足其业务需求。"芝加哥咨询公司说："苹果的核心策略是不用现金进行投资，而是开发像 iPhone 这样的创新产品。如果奥本海默（苹果的首席财务官）认为他们是寻求实现收益最大化的投资经理，那我才会感到担心。"

再来说个人外汇投资。说到个人外汇投资，就不得不提到著名的"渡边太太"，这个词是英国《经济学人》杂志创造的："渡边太太，这些无处不在的日本家庭妇女，掌握着一家的财务大权，极为大胆地进行着各种金融投资。"

20 世纪 80 年代末 90 年代初，日本人均 GDP 超过美国，家庭财富总额逾 1500 万亿日元（约 17 万亿美元），其中超过 55% 为现金及银行存款，是世界上最大的可投资资产。为了刺激经济，1996 年以来，日本央行基准利率从未高于 0.5%，日本家庭对实际上的零利率甚至负利率存款利息忍无可忍，于是开始把目光转向利率较高的外汇、外国债券和其他海外资产。

日本跟中国相似，太太主管家庭财政。日本的外汇市场是完全开放的，日本家庭主妇炒外汇就跟我们的"中国大妈"买黄金、炒股票一样方便。于是这些太太们纷纷杀入外汇市场，成为一股重要的力量。据估算，她们约占东京现货外汇市场成交量 20% ~ 30%。"渡边太太"一开始经常能够获利，甚至一些职业外汇管理人都开始追随她们。但有时候被国际对冲基金盯上，她们也和中国大妈一样会赔钱，或被套牢。但不管怎么样，"渡边太太"的投资收益比我们外汇管理局高多了，并且日本通过这种方式不但做到了藏汇于民，还基本没有通胀的压力。

请看图 12-4。"渡边太太"投资基金的平均收益为 8%，投资美股的平均收益为 11%，相比而言，我们外汇管理局宣布的投资回报率仅为 3.3%，这显然是很低的。

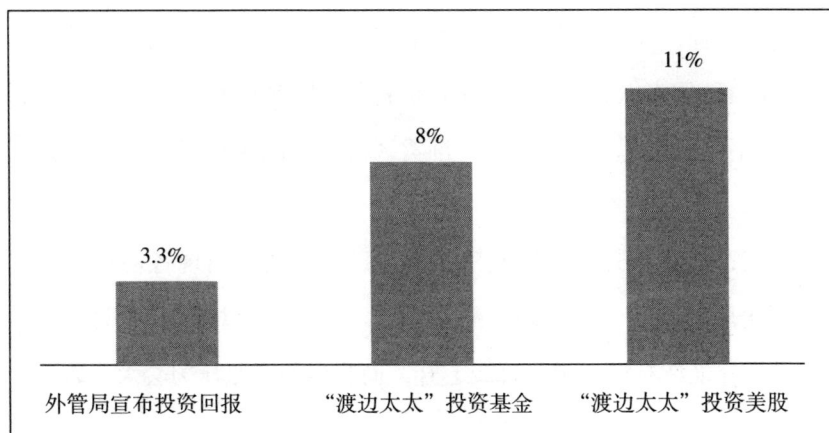

图12-4　不同群体投资回报率

四、实现藏汇于民三步走

那么，我们要实现藏汇于民，下一步应该怎么做？

第一，逐步放开汇率浮动上下限。我们现在规定人民币汇率浮动每天不能超过 2%，一旦超过了这个区间，央行就会成为最终购买人，干预市场。这种政策应该抛弃，否则民间没动力持有外汇。当然，放开汇率浮动上下限并不等于放任人民币汇率，政府在认为有需要的时候一样可以干预外汇市场，如对 1997 年的香港市场。同样的，日本也是通过财务省下面的外汇平准基金来干预汇率。因此，放开浮动上下限无非是让市场起更大的作用，央行只在最关键的时刻出手。

第二，扩大 QDII 的规模。我们目前只允许 16 家商业银行经营外汇，所有投资必须经过它们。我前面说了，不放开外汇给真正的民营企业就很难有民间外汇市场。我们建议对所有的银行都应该开放外汇业务，包括外资在华银行。

第三，在自贸区开展试验。香港的法律允许财务公司经营外汇、黄金、股票等业务，唯一的限制是不能在香港以外的地方开设公司。香港有持牌银行 151 家，财务公司 315 家，香港外汇市场最重要的参与者就是它们。对这点我们可以借鉴，应该允许在自贸区内注册的企业经营外汇、黄金等业务。

我相信，只要将外汇市场向民间开放，很快就会出现各种直接或者间接投资美股的指数。将来国内的基金公司也可以直接购买美股。这样一来，民间外汇持有量一定会直线上升，而我们的通胀压力会大大减小。

下篇

投资领域：哪里才能掘到金？

股市投资

第十三章 中国股市：全球股市中的"另类"？

一、中国股市为何与全球股市反向而行？

2015 年 4 月 14 日，上证指数一路飙升到 4160 点，从 2014 年 7 月 10 日的 2036 点算起，涨幅已经突破了 100%。和全球股市相比，我们的股市似乎是一个另类，别人都在涨的时候我们跌，别人温和不动的时候我们忽然间疯狂上涨。早在 2014 年 10 月时我曾断言，这一波股价上涨的原因只有一个，不是基本面，而是改革概念拉动股指。我的判断在经过几个月的检验之后完全得到证实。

首先，请看图 13-1。我找了三个主要国家：美国、德国、日本，以及中国台湾、中国香港和中国内地 A 股（上证指数）来做比较。这个图是从 2007 年 8 月 1 日上证指数 6000 点时，一直到 2014 年的 7 月 10 日。为什么到 7 月 10 日呢，因为从 7 月 11 日起开始了这一波的巨大涨幅。我们看到，在这段期间内，美股涨了 35%，德国股票涨了 29%，而中国上证指数下降了 53%。比较而言，我们的股市在这个期间内表现最差。

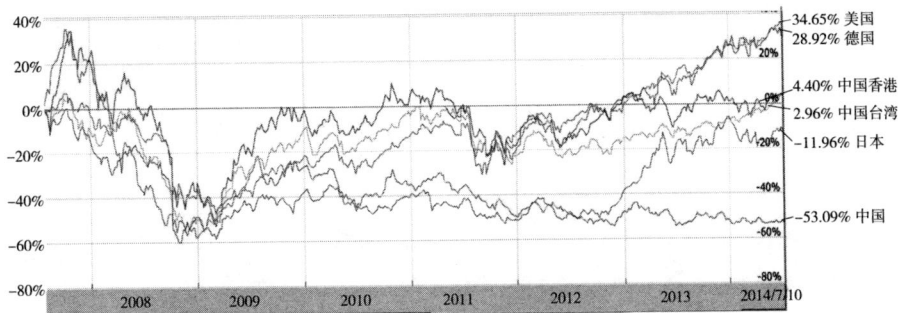

图13-1　2007年8月—2014年7月全球主要股指走势

2007年8月，全球股市都达到金融危机前的最高点，之后的金融危机导致全球股市全线下挫，直到2009年危机过后才开始缓慢地回升。到了2014年7月，全球股市基本上都收复了失地，回到了危机前的水平。其中美国涨幅最高，标普500比金融危机以前上涨了34.65%。德国DAX指数上涨了28.92%，德国是传统制造业大国，本身受金融危机的冲击就没那么大。日本比较不争气，再加上"3·11"东日本大地震的影响，经济恢复得很慢。直到2012年安倍开始量化宽松，才让股市稍微上涨了一些，但是也没有达到金融危机前的水平。而中国则跌幅领先全球，和金融危机前相比下跌了53%。

再来看图13-2。这是从2014年7月11日到2015年5月5日的全球股指走势。我们看到，这个期间内，全球股市涨幅基本在20%左右，日本股市因为基数低，涨幅稍微高一些，是30%。而中国股市领涨全球，涨了115%。

看到这里大家是不是有一种感觉，中国的股市要么表现最好，要么表现最差，完全没有可预测性。我请问各位，你紧不紧张？你敢投资吗？这就是为什么不管你赚钱也好，赔钱也好，你打心底里对中国股市是不敢信任的。

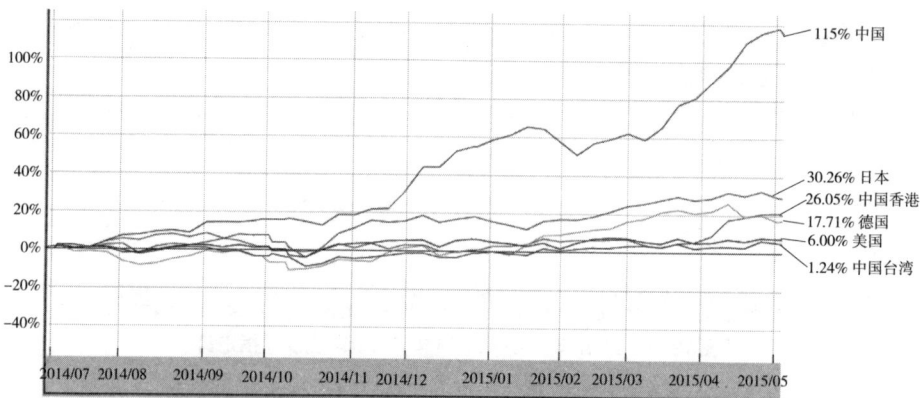

图13-2 2014年7月—2015年4月全球主要股指走势

因此这里我要谈一个重要的话题，那就是中国的股市是"政策市"吗？中国的股价到底有没有反映基本面？专家学者和学校的老师都会告诉你：一个真正好的股市应该完全反映经济的基本面。我们来测试这个说法是不是正确的。

二、美、德股市何以在危机之后一路走高？

我们都知道2008年金融海啸爆发之后，中国政府当时采取了我一直批判的4万亿刺激政策。我一直呼吁政府不要投这4万亿，而是用这笔钱来振兴中国的制造业。如果当时政府采纳我的建议，给民营制造企业连续免税费三年，那么制造业一定会被拉动起来，利润成倍上涨，股价就会随之上去。同时，企业有了更多的钱搞研发、给员工发更高的薪水。薪水上去之后，消费就增加了。于是，老百姓财富增加了，消费也增加了，最终通过消费来拉动中国经济。这就是我当初的建议，很可惜，政府并没有采纳。

而美国和德国政府就采取了与我的建议相似的政策。我以美国为例，2009年9月，美国政府推出《美国创新战略：促进可持续增长和提供优良工作机会》；2010年8月，奥巴马推出《制造业促进法案》，降低部分进口商品的关税以减少需要进口零部件进行生产的企业成本，全面拉动制造业，通过制造业的回暖拉动美国经济的复苏；2012年2月—2013年3月，奥巴马政府再次推出企业税改革方案，重点对创造本国就业的美国本土制造商加大减税幅度，鼓励在美本土的投资，减少甚至终止对海外投资企业的税收优惠。

我们看到，正是这一系列的制造业振兴政策，拉动了美国经济强力回暖。我以实际数据说话。2013年美国制造业占美国GDP的比重为13.9%，并且创造GDP的增量超过了14%以上，这是不得了的成就。2012年和2013年美国GDP增幅分别为2.8%和1.9%，其中制造业的贡献分别为0.77%和0.84%，高于同期服务业对GDP的贡献。除此之外，再给大家一组数据。2015年2月，美国就业市场达到了20年以来的最佳状态，失业率已经降至大萧条以来的最低谷，只有5.5%。其结果是，美国的经济全面向好，股指一路走高，请看图13-3。

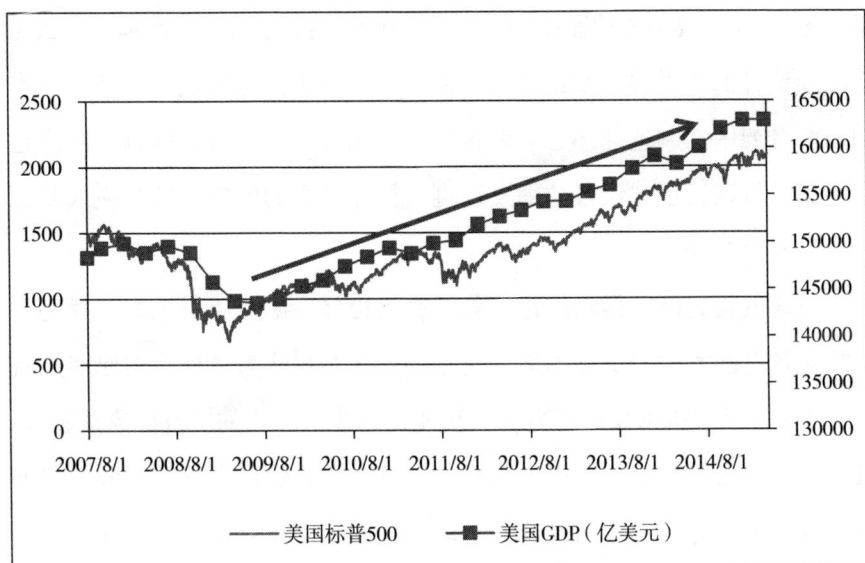

图13-3　2007年8月—2014年8月美国股市与GDP走势

那么我们观察一下，美国的股市能不能反映经济的基本面呢？完全吻合。换句话讲，美国股市的走高完全反映了美国经济的欣欣向荣。美国的制造业将来一定会蓬勃发展，所以美国未来的 GDP 还要涨，美国股市也要跟着涨，就像图里的那个箭头。我建议各位朋友，如果你手头有闲钱的话就换成美元，炒美股，将来还要涨。

那德国呢？2009 年德国实际国内生产总值下降 4.7%，这是联邦德国历史上最严重的一次经济衰退，股市随之下跌。而德国采取的政策也是推动制造业发展，德国经济从 2010 年开始回暖。2010 年德国 GDP 增幅达 3.6%，这是两德统一后近 20 年来最快的年度增长。2015 年再次快速上涨，德国已经领先欧洲实现复苏。2015 年 3 月德国失业人口降至 293.2万，失业率降低至 6.8%，这是德国 1990 年 3 月份以来的最低失业率。德国经济部称，预计 2015 年德国经济将增长 1.5%，2016 年将增长 1.6%。

德国经济向好的结果迅速在股市反映出来，请看图 13-4。2015 年以来，德国 DAX 股指累计涨逾 21%，领先于欧元区的 15% 的涨幅，也领先于除中国外的全世界。结论就是，德国的股市走向也反映了经济的基本面，而且德国的制造业还会蓬勃发展，德国经济还会继续向好，股市还会走高。所以我也建议各位朋友，可以把你手中的闲钱一部分换成欧元投资德国股市。

到这里我们可以得出结论，美国股市也好，德国股市也好，都完全反映了各自国家的经济基本面。这是为什么？我认为最根本的原因是欧美的股市都是以机构投资者为主。美国 1000 家大企业的所有权数据显示，机构投资者在股市总市值中占比超过 70%，企业的最大股东一般不是创始人及其家族，而是机构投资者。机构投资者持股有什么好处呢？那就是机构投资者是理性投资者。具体我从以下三个方面来说明。

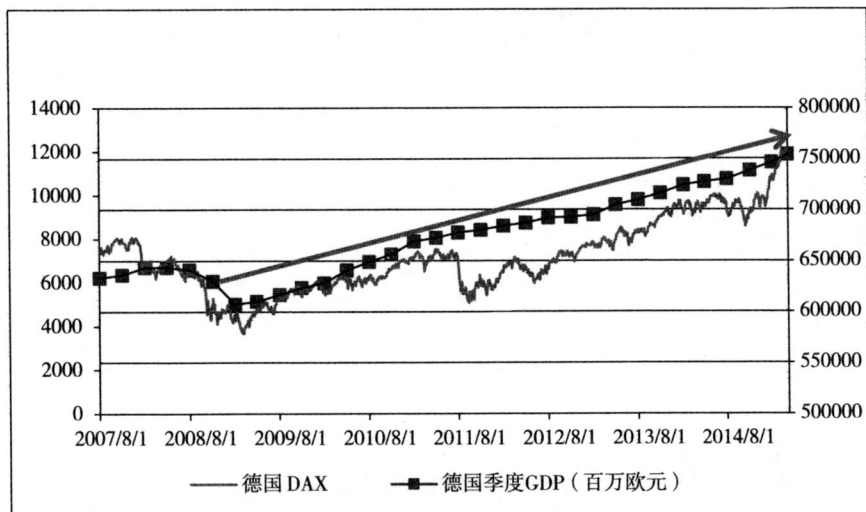

图13-4　2007年8月—2014年8月德国股市与GDP走势

第一，机构干预公司治理，保护股东利益。对于公司治理，机构会向公司提交提案，如限制经理人薪水、提名董事等。私下协商也是常用的方式，美股最大的五家养老基金（TIAA-CREF、CalPERS、CalSTRS、SWIB、NYC），它们70%的股东提案都能在私下得到解决。

第二，曝光劣迹公司。这个很重要，机构投资者作为一个群体是有共同利益的。他们成立了一个机构投资者协会，协会把那些长期绩效低劣的上市公司列入"黑名单"当中，通过曝光的方式向这些公司的董事会和管理层施加压力，迫使他们改善自己的经营。如从20世纪80年代开始，养老基金CalPERS每年出版一本"业绩不佳公司目录"，1993年机构投资者委员会也出版了一本"低业绩公司目录"。机构投资者手握大把现金去投资，企业一旦上了这个名单基本就等于被判死刑了，所以这招非常厉害。

第三，集体诉讼。集体诉讼是指由一两位原告任"首席原告"，代表众多受害者提出诉讼来维护股东的权益。这种方式最开始来自于 12、13 世纪的英国，后来在 1996 年正式被纳入了美国的《联邦民事程序法》。

正是因为有这三个法宝，机构投资者可以很好地监督上市公司行为，从而使股市呈现出理性的一面，可以很好地反映经济基本面。经济变好，企业预期回报就高，股价就随之上涨，这是一个透明的过程。

三、中国股市能够反映经济基本面吗？

既然根据我们的分析，美国、德国的股市都反映了基本面，那我们看看，中国的股市能不能够反映基本面呢？请看图 13-5。中国的 GDP 这几年都是向上走，而中国的股市非但不能够反映中国的经济，而且大部分的时间还处于相反的状态，也就是说呈现负相关关系。

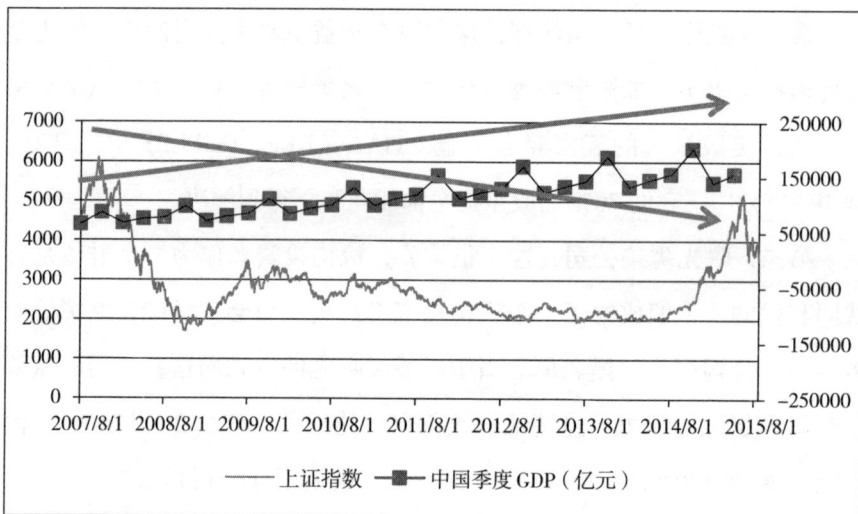

图 13-5　2007 年 8 月—2015 年 8 月中国股市与 GDP 走势

进入 2015 年，中国经济非常困难，大量制造企业没有订单，而股市却一路疯涨。中国的股市基本上是"政策市"，股市上涨基本是概念炒作的结果，这一点我在下一章再具体来谈。我在这里必须再次强调的是，中国的制造业危机从来没有得到相关部门的重视，这将会带来严重后果。我们必须学习美国和德国的经验，只有制造业才能够真正拉动经济，因为只有制造业才能够真正创造财富。

四、2012 年之后香港股市深受内地影响

接下来我们谈谈各位比较关注的香港股市。如图 13-6 所示，从涨幅来看，2007—2014 年，德国股票涨幅 61.65%，美股 44%，而港股只有 20.87%。我们如果把美国、德国、中国香港以及内地 A 股做一下比较，会发现 2012 年年底之前，港股的走势和美国、德国基本一致；2012 年之后，港股涨幅开始明显落后于美国和德国；而进入 2013 年，港股的走势开始和内地 A 股同步。随着 A 股暴涨，恒指开始疯狂上涨，一直到 2015 年 4 月 13 号，收盘 28016 点，涨幅 14.4%。

图 13-6　2007—2014 年全球股指走势

这有几个原因。2012 年，保监会发布《保险资金境外投资管理暂行办法实施细则》，放宽 10 万亿保险资金境外投资范围，放开保险资金投

资香港主板市场。2012 年年底，香港的人民币存款有 6030 亿元，到 2013 年年底增加到 8300 亿元，2014 年年底突破 1 万亿元，现在也保持在这个水准。2015 年 3 月 31 日，保监会又发布了《中国保监会关于调整保险资金境外投资有关政策的通知》。其中的一条核心内容是：拓宽险资境外投资范围，增加了香港创业板股票投资。

2014 年 11 月 17 日，沪港通股票交易开通，方便境内资金流入港股，从而对港股形成一定的支撑。沪港通总额度为 2500 亿元，截至 2015 年 4 月 14 日还剩 1820 亿元的额度。也就是说，已经有 680 亿元在这半年内进入港股。2015 年 3 月 27 日，证监会发布《公开募集证券投资基金参与沪港通交易指引》，允许公募基金通过沪港通直接投资港股。

这一连串的政策使得大量国内资金通过这些合法渠道进入了香港，从而影响了港股走势，其结果之一就是，国内的"政策市"和概念炒作也会波及港股。过去的香港对我们而言属于不同的经济体，因此港股还有一个避险的功能——如果中国内地股市行情不好，我们还可以炒港股。但是我们发现，2012 年之后，香港股市和内地股市走势越来越趋同，已经失去了避险的功能。对我们而言，香港股市的重要性已经大幅下降。

第十四章 所谓牛市：改革红利拉动股价上涨

上一章我们指出，中国股市基本不能反映中国经济的基本面。从 2014 年年中到 2015 年年中，在中国经济非常艰难的时刻，竟然出现了一波大行情。从 2014 年 7 月 11 日开始，A 股市场一片大好，全线飘红。那么，这轮股市暴涨的根本原因是什么呢？我的判断是，这是市场的闲散资金通过改革概念股炒作的结果，是改革红利带动股价上涨！

一、本轮 A 股上涨的三阶段：与改革同步

如图 14-1 所示，我们把股市的这轮上涨大致分为三个阶段。我们研究发现，这三个阶段的 A 股走势和相应政策的出台密不可分。下面我们一一来做分析。

第一阶段：2014 年 7 月 11 日到 12 月 31 日，A 股上涨 58.23%。

我们看到，从 2014 年初到 7 月上旬，股价一直稳定。7 月 11 日电信改革方案出台，当天股价涨到 2047 点，之后随着各项民营化改革的出台，股价一路上涨，2014 年 12 月达到 3200 点左右。2014 年有多少钱进入股市呢？据央行公布的数据，2014 年人民币存款同比少增 3.08 万亿元，媒体判断这些钱基本都进了股市，也只有股市才能容纳万亿规模的资金。

2014年12月，A股新增开户数达90万户，接近2007年5月历史高位。

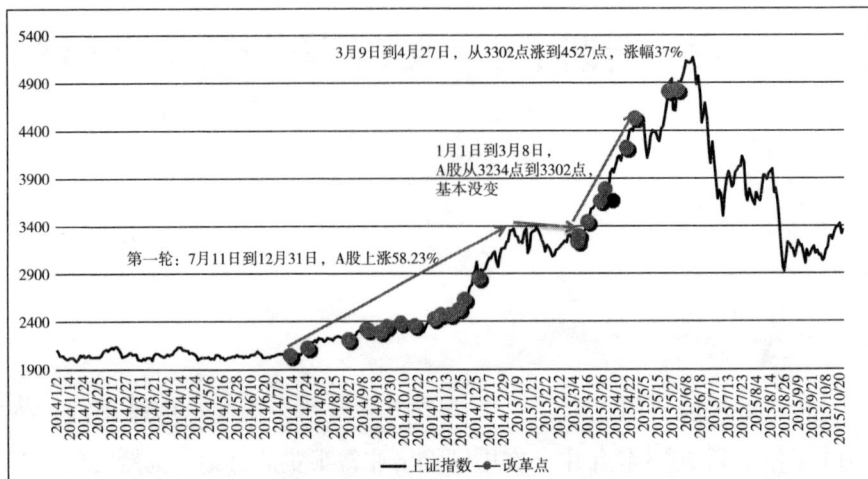

图14-1　2014年以来A股走势

我们来具体梳理一下引发这波行情的改革措施，请看图14-2。

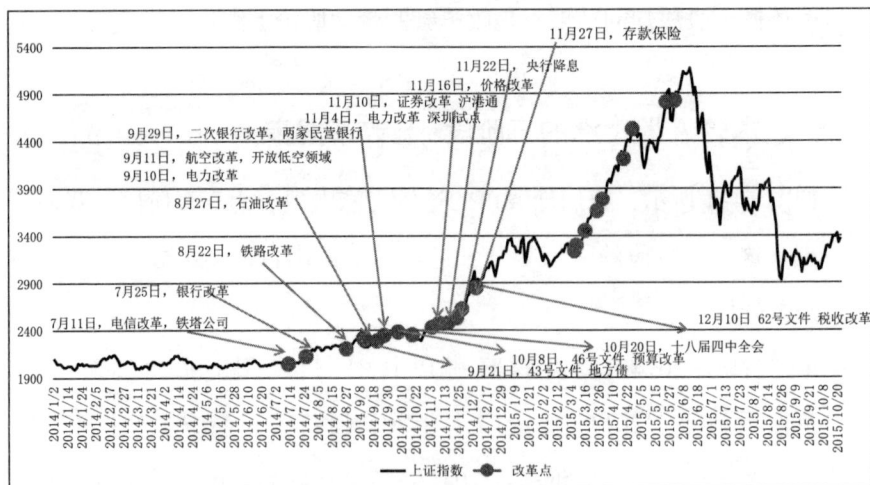

图14-2　2014年改革时间点

2014年7月11日，三大电信运营商宣布将铁塔公司，也就是基础建设承包给民营企业，由民营企业负责设计、施工、监理跟维护。7月25日，银行改革出台，批准成立3家民营银行。

8月27日，石油改革出台，能源局批准了第一家民营企业——广汇石油公司自主进口石油，每一年进口上限是20万吨。当然，这20万吨不算什么，可是不管怎么讲，这是打破"两桶油"垄断的第一步，已经是一个非常大的成就。

9月10日，电力改革出台，这是一个具有曙光意义的改革方案。过去这么久的电力改革改到的结果是什么？上游电厂供电是由发改委定价的，中游跟下游都是电网垄断，电网的利润非常高，这是绝对不能接受的。这次的改革方案明确提出，以后电网只负责中游，而上游和下游都必须民营化、市场化。9月11日，航空改革出台，开放低空领域，允许民营企业自己办公务机公司。9月29日，第二次银行改革出台，又批了两家民营银行。10月份召开四中全会，领导们都非常忙碌。

11月4日，第二次电力改革出台，以深圳为试点。这个改革非常重要，将整个电力的产业链切开，分为上游、中游跟下游。从中游最重要的电网开始改革，从此以后不允许南方电网公司自己报会计数据，电价由深圳市政府根据国际惯例和会计准则确定，南方电网公司只能负责电网，收取一定的手续费。11月10日，证券改革出台，推出沪港通，使得这一天的股指超过了上一波行情的最高点——2013年2月18日的2444点。11月16日，价格改革出台，包括医药、水、电、气、油等。11月22日，央行降低利息，这是唯一的与改革无关的事件，股价当然也是暴涨。接着11月27日和30日两天，第三次银行改革出台，推出存款保险制度。

12月份召开了中央经济工作会议，提出了常态化的九个问题。比如第四个问题，新兴产业、服务业、小微企业作用更凸显，生产小型化、智能化、专业化将成为产业组织新特征。还有第六个问题，市场竞争逐步转向质量型、差异化为主的竞争。这需要激发市场活力，尤其是激发民营企业的活力，因此市场化和民营化是改革的重点。这也是为什么到了 12 月份，在中央经济工作会议决议出台之后我们又闻到了市场化、民营化的改革气息，继续拉抬股指。

就涨幅最大的前五大板块来看，在这一阶段中，确实是改革概念带动了相关板块的上涨。11 月 10 日推出的证券改革沪港通，使证券板块上涨了 163.68%；9 月初推出的水利改革，使整个水利板块涨幅达 121.84%；8 月 22 日推出的铁路改革，使铁路基建板块上涨了 95.78%；9 月 11 日推出的航空改革推动航空板块上涨了 80.63%；而 7 月 25 日、9 月 29 日、11 月 27 日连续三次推出的银行改革方案带动银行板块上涨了 54.84%。

从 7 月 11 日开始的电信改革一路到 11 月 27 日的第三次银行改革，改革效应使得股指从 2038 点一路飙升到 3200 点。而 8 月 27 日公布的新《预算法》，9 月 21 日公布的 43 号文件，以及 10 月份的四中全会，12 月 9 日公布的 62 号文件，也助长了股票的上涨。因此这次股市大涨是民营化跟政府改革相互搭配的结果。

不过我可以告诉各位股民，如果今天这个民营化改革是从 2008 年开始的话，股指起码涨 3000 ~ 5000 点。这次的改革是非常紧迫的，因为中国经济基本面非常差，下行压力非常大，而且基本上已经进入了全面萧条的状态，所有行业都受到打击。在这么差的经济面之下搞民营化的改革，能使股指拉升这么多已经很不容易了。

第二阶段：2015 年 1 月 1 日到 3 月 8 日。这个期间由于没有改革措施出台，A 股从 3234 点到 3302 点，基本没有变化。

第三阶段：2015 年 3 月 9 日到 4 月 27 日。股市开始新一轮的上涨，短短一个多月内，股指从 3302 点涨到 4527 点，涨幅 37%。什么原因？还是改革。3 月 7 日，发改委透露将成立国企改革领导小组；3 月 9 日，电力改革意见出台；3 月 15 日，李克强总理在记者会上提出 13 项新的改革措施，继续拉动股市，股指九连阳；3 月 25 日，国务院部署"中国制造 2025"；3 月 28 日，"一带一路"规划文件出台；4 月 20 日，央行降准1%，股市继续上涨。可以说，这个阶段都是改革概念在拉抬股市。

从具体板块涨幅来看也是如此。3 月 9 日的电力改革使得水电板块上涨 82%，电力电网上涨 47%。3 月 25 日推出的"中国制造 2025"使得大飞机板块上涨 52%，机器人板块上涨 51%。3 月 28 日推出的"一带一路"的影响也非常大，主要分成三个方面：第一，高铁板块上涨 110%，其中中国南车上涨 326%，中国北车上涨 296%；第二，铁路基建板块上涨 114%，其中五只市值最大的股票，上涨 182%；第三，铁路交通板块上涨 76%。4 月 27 日市场谣传央企合并，称目前 100 多个央企将合并成 40 多个央企，使得 16 只中字头的股票全部涨停。

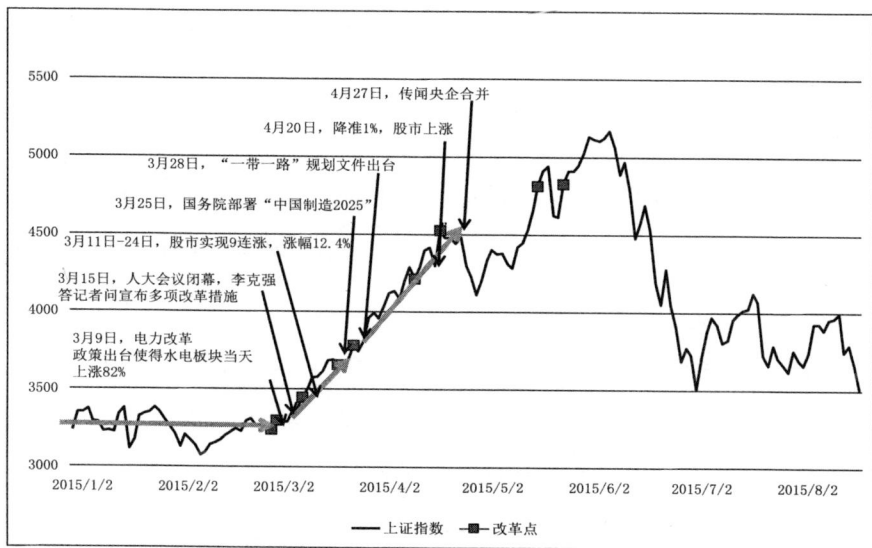

图14-3　2015年股价走势图与改革时间点

李克强总理一再讲要创造改革的红利，如何做到？我们由股指走势可以发现，就是政府的改革"三步曲"——削权、预算、法制，以及一系列的民营化改革，拉抬了股市。到 2014 年年底的中央经济工作会议再次强调民营化和市场化的重要性，继续拉抬股市。这个阶段，是改革通过股市释放出红利给社会，这是创造改革红利的一个方面。但是最后，改革还是必须落到实际面、基本面，我们希望看到，我们的民营企业和市场在未来可以更加顺畅地运作；我们希望看到股价上涨之后要有企业利润率增加、效率提升、成本下降等利好讯息；我们希望这是一个缓慢的进程，慢慢显现效果。

二、股市波动，政府护盘对与错

就在中国股市一路高歌猛进之际，忽然出现"晴转暴风雪"。2015 年 5 月 6 日—8 日，股市暴跌三天，让追涨资金成了"网中困鸟"。各位想想为什么？我前面说了，中国经济的基本面其实很差，这种情况下的股市风险一直很高，卖空压力非常大。以银河证券为例，它的账户当中卖空的比例高达 13%，海通证券也有 9%。海外市场呢，我以嘉实沪深 300 指数为例，在海外上市的指数从 1 月份到 4 月份卖空增加了 70 倍左右。股市连续暴跌，所有人对资本市场已心生敬畏，从过去的"恐高"到如今的"恐慌"。而面对这场股市"风暴"，政府又作何反应呢？我对此取了一个非常有趣的名字，叫作主动护盘三板斧。

第一板斧，央行降息、降准。在 5 月 6 日—8 日股市连跌三天之后，从 5 月 8 日开始股指有所反弹，原因是市场得知央行要降息，果然，5 月 10 日央行宣布降息。而早在 4 月 20 日，央行宣布降准 1%，有媒体怀疑这是央行掩护大资金套现离场。据《中国基金报》5 月 14 日报道：截至 2014 年年底，中央汇金共持有华安上证 180ETF 基金 26.3 亿份，占该 ETF 总份额的 57.08%，为其最大单一持有人。4 月 17 日，华安上证 180ETF 份额从前一日的 39.22 亿份跌至 29.04 亿份；4 月 22 日，又从 29.37 亿份跌至 12.68 亿份。两个交易日合计净赎回 26.87 亿份，规模和中央汇金去年底持有的华安上证 180ETF 规模刚好吻合。碰巧就在 4 月 20 日这个节骨眼上，央行降准 1%，而汇金乘机在前三天跟后两天套现 200 亿元离场。中央汇金公司副董事长李剑阁 5 月 23 日在出席五道口全球金融论坛时被问及此事，是不是汇金撤资。他表示"中央汇金公司在这方面没有披露义务"。

第二板斧，用改革概念拉动股市。改革概念继续出台，5 月 19 日，国务院发布《中国制造 2025》，报告中提到要聚焦新一代信息技术产业、高档数控机床和机器人、航空航天装备、海洋工程装备、高技术传播先进轨道交通装备、节能与新能源汽车、电力装备、农机装备、新材料、生物医药与医疗机械十大领域。消息出来的当天就有 200 只股涨停，其中 65% 都是中国制造相关的股票，如工业 4.0 板块、智能机器、工程机械、医疗器械、新能源等。到了 5 月 22 号，有 260 只股票涨停，其中 51% 是中国制造相关股票，领涨的板块有生物制药、新材料、电力装备等，和报告提及的十大产业相当吻合。5 月 25 日，政府又发布中国军事战略白皮书，当天军工板块 24 只股票涨停。

第三板斧，官媒护盘。5 月 28 日，股市突然暴跌 6.5%，560 只股票跌停，其中 39% 属于改革概念股。6 月 1 日—5 日，股价又涨了回来，其中涨幅最高的 300 只股票里面，改革概念股占比 31%，但是领涨的板块完全不是之前下跌的那些，这个市场越发让人捉摸不透。举例：6 月 1 日当天大盘上涨 4.71%，领涨板块是：渔业 9%，煤炭选采 8.8%，餐饮 8.18%，计算机及其相关设备 7.16%，铁路运输 7.64%。6 月 4 日上证指数开盘 4911 点，结果在 13:05 时莫名其妙下跌到 4655 点，大量股票中途跌停，大盘跌幅

5.18%，收盘时刻又涨到 4947 点，涨幅 0.76%。这一天最后涨起来的板块也很奇怪：煤炭采选 6.33%，卫生保健护理 5.29%，银行业 4.32%，房地产管理 4.09%，仓储业 2.87%。6 月 5 日领涨的是铁路运输 6.57%，水上运输 5.93%，采掘服务 5.60%，租赁服务 5.54%，其他社会服务 4.7%。这些上涨板块前后完全没有关系、没有逻辑。

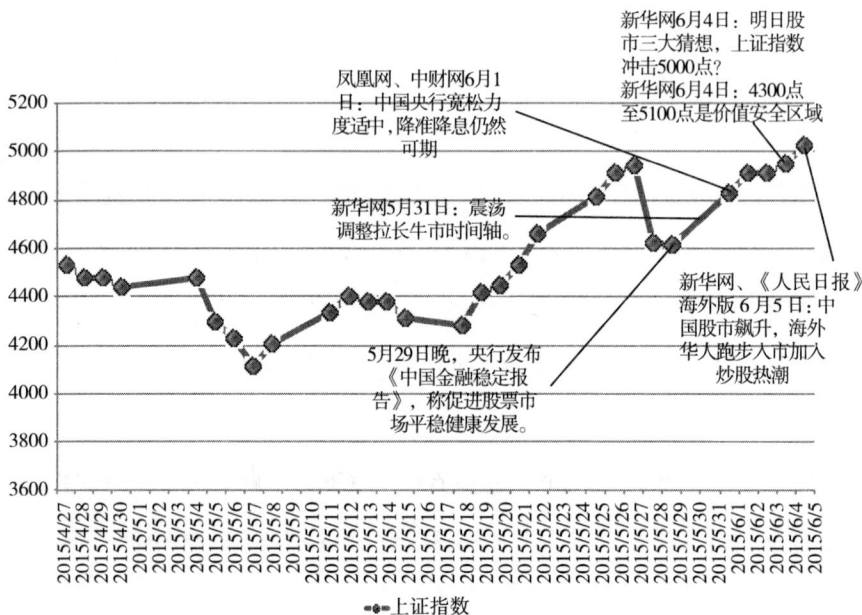

图14-4　5月28日大跌后官媒护盘后大盘走势

　　而就在 5 月 28 日股市大跌的第二天，官方媒体开始密集发文唱多股市，护盘迹象非常明显。5 月 29 日，央行就发布《中国金融稳定报告》。5 月 30 日、31 日是周末，31 日新华网发文"震荡调整拉长牛市时间轴"，继续为股市唱赞歌。6 月 1 日股市大涨，中财网、凤凰网发文"中国央行宽松力度适中，降准降息仍然可期"。6 月 4 日，新华网评论"明日股市三大猜想，上证指数冲击5000点？"并表示 4300 ~ 5100 点是价值安全区。6 月 5 日，新华网、《人民日报》海外版报道"中国股市飙升，海外华人跑步入市加入炒股热潮"。6月8日，官媒护盘继续出动，新华网在开盘之前的早上7点发文指出"国企改革政策密集推进，总体方案渐行渐进"，结果当天股市小幅上涨1.3%，改革概念股继续领涨，如航空运输7.16%，保险5.84%，银行5.74%，证券5.57%，管道运输5%。

三、炒作改革概念股，必须有人为疯狂埋单

就在6月8日这一天，中国南车跟中国北车被停牌之后首次复牌，变成中国中车。开盘第一天涨停，但接下来三天连续跌停。媒体报道了一个悲剧，一位长沙青年将自己的全部储蓄170万元投入股市买了中车，他同时搞了4倍的场外融资，也就是680万元，一股脑儿全部扎在中车上。结果连跌三天后立刻被斩仓，他血本无归，很不幸地跳楼结束了自己的生命。我对此事表示非常遗憾，这件事也充分说明，炒作改革概念股的风险有多大。

在这个全民炒股的时代，除了关心节点上的涨跌之外，还要有远见，了解将来一段时期内的股市趋势变化，是牛是熊。我们看到，上证指数从2014年7月的2000点到2015年6月接近5000点，涨了1.5倍，很多人赚得盆满钵满，似乎这就到了"国家牛市"的时代了？甚至出现卖房炒股、贷款炒股等，似乎现在不去炒股就像丢了钱一样。其实这样的历史一直在重演，而且疯狂过后总是散户被套牢。因为如果不考虑分红，散户们玩的股市就是一个零和游戏，必须有人为疯狂埋单。

第十五章 "国家牛市"能持续多久？

一、市盈率高企，泡沫隐现

在股市行情大好之时，投资者往往看不到股市的风险，而总喜欢找各种论据支持"国家牛市"的说法，把一些领导的话拿出来当护身符，比如说"央行行长周小川说了，资金进入股市也是支持实体经济"。其实，把领导们的话找来看看你会发现，大家都只挑自己喜欢听的那一句。2015年3月12日，周小川表示："我并不反对结构性货币政策释放的资金进入股市，因为这样也能够支持实体经济。"周小川还指出，无论是股权融资还是银行贷款，这些资金都很好地支持了各类企业的发展，尤其是越来越多的企业通过发行股票融资，使实体经济得到发展；虽然有一些投机性的金融交易脱离了实体经济，但"不能一概而论"，央行也会对这些投机活动加以防范。其实，如果我们仔细揣摩，这是一句很中性的话，周小川作为央行行长当然不能说反对资金进入股市。

关于"国家牛市"，中欧陆家嘴国际金融研究院研究员于卫国的观点流传很广，甚至经济之声、央广财经都在转载引用他的观点。但我认为他的观点不对。他认为，股市上涨是国家战略，"股市，从来没有被中国政府提高到如此的战略高度。国企改革、推行 IPO 注册制、降低企业杠杆率、提高居民财富收入、经济转型等等，这些战略任务的实施都需要一个繁荣的资本市场做基础。换句话说，国家需要牛市，经济转型需要牛市。"基于此，他得出结论："股市将接替房地产市场，成为新的国家战略。简而言之，不印钞票，印股票；不卖土地，卖股票。"这怎么能信呢，因为印股票、炒股票不能解决任何实际问题。从根本上说，股市该不该涨，必须由实体经济说了算。

我们来看一下中国最近 10 年的股市。通过图 15-1 可以看到，上证综指的市盈率还比较正常，2015 年 4 月最高点也不过 23.4 倍，和纳斯达克的 25 倍、标普 500 的 18.5 倍接近。但是，中小板和创业板仍旧非常疯狂，其中中小板的市盈率 83 倍，已经接近 2007 年 10 月的 85 倍的水平，而创业板更离谱，2015 年 5 月份市盈率高达 133.76 倍。

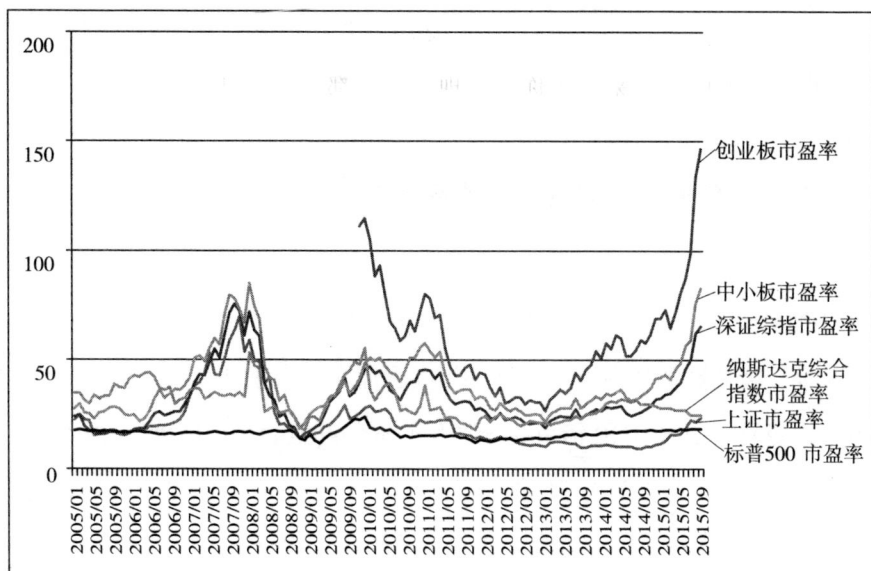

图 15-1 中国最近 10 年股市走势

　　横向来看，美国股市历史上也有过这样的疯狂时刻，而且距离现在并不遥远。我们来看图15-2，近20年美国纳斯达克综合指数以及标普500的市盈率。2000年的科技股泡沫，使得纳斯达克综合指数市盈率最高达500多倍。而标普500作为一个存在了100多年的指数，相对来说理性多了。

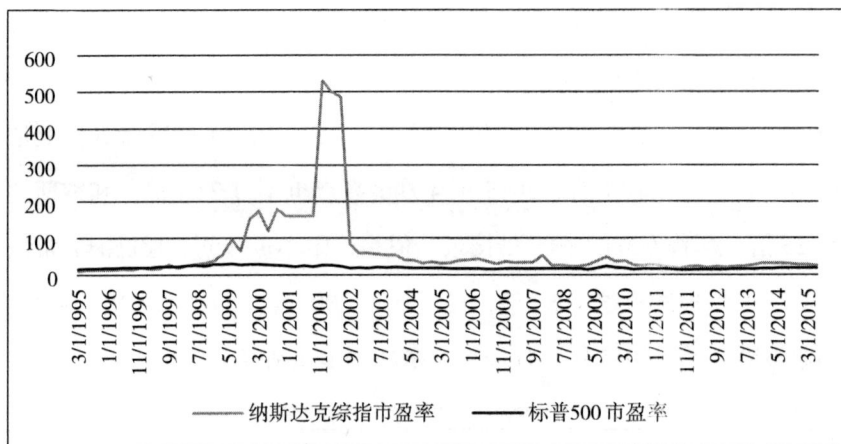

图15-2　纳斯达克综指与标普500近20年市盈率

二、谁是市盈率飙升的最大获利者？

　　答案是上市公司高管！并且市盈率越高，高管套现离场的就越多。请看图15-3，上证市盈率与沪市高管净减持的情况。2013年5月—2014年5月，高管资金是净流入，这一年高管们净拿出来24.4亿元投入股市。因为这期间上证只有10倍市盈率，是投资的好机会。即使到了2015年1月—3月，高管们仍拿出11亿元净流入股市。当然，到了2015年4月—6月，高管套现开始达到一个小高潮，共计套现25.4亿元。

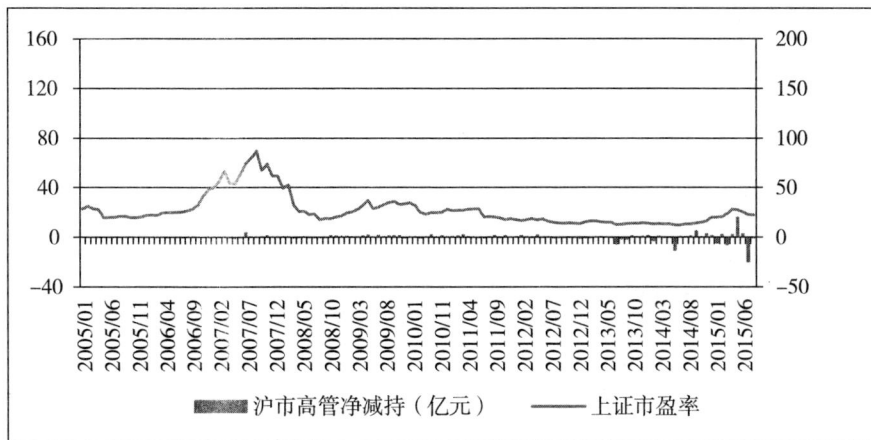

图 15-3 上证市盈率与沪市高管净减持情况

再来看深市的情况，如图 15-4。深市基本上一直是资本净流出，从 2014 年 7 月—2015 年 7 月，高管套现 115 亿元。原因很简单，2014 年 5 月时市盈率只有 25 倍，到 2015 年 5 月涨到了 65 倍，当然要赶快套现。这个特点在创业板和中小板中更加明显。

图 15-4 深证成指市盈率与深市高管净减持情况

如图 15-5 所示，中小板市盈率与高管净减持的情况。只要市盈率超过 30 倍，中小板的高管们就疯狂抛股票。仅仅 2015 年 5 月这一个月内就套现了 182 亿元，6 月份更加疯狂，套现 198 亿元。2014 年 7 月—2015 年 7 月，总共套现了 780 亿元。

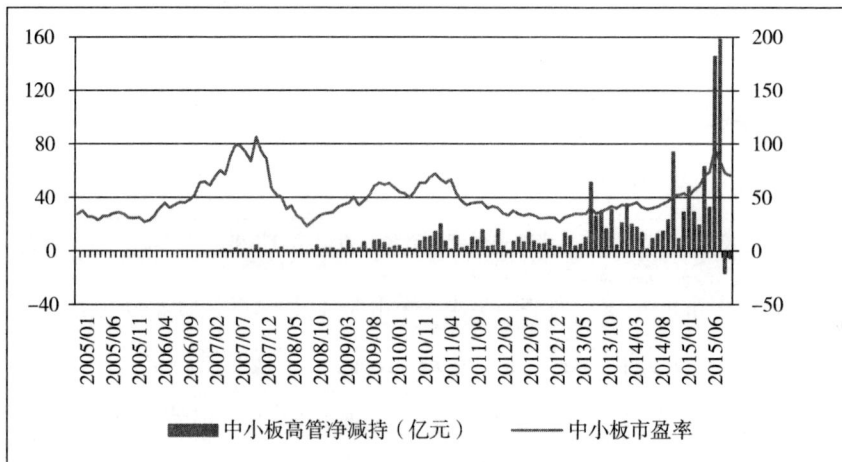

图15-5　中小板市盈率与中小板高管净减持情况

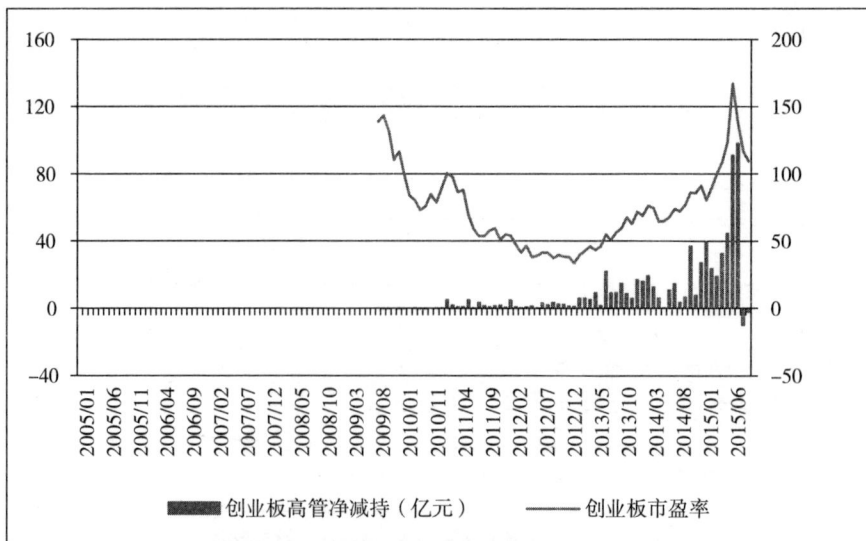

图15-6　创业板市盈率与创业板高管净减持情况

再来看创业板,市盈率 133 倍,这是什么概念? 你的投资要 133 年才能回本,这种事情也只能在资本市场的"博傻游戏"中出现。从图 15-6 中的创业板趋势图能看出,随着市盈率的上涨,高管们随之开始抛股票。同样是在 2015 年 5 月达到高潮,单月套现 114 亿元。2014 年 7 月至今,高管共套现 443.5 亿元。

三、我凭什么能准确预言股市暴跌

2015 年 6 月 9 日—14 日,既没有改革消息出台,也没有政府护盘举措,股市还在小幅上扬,但到了 6 月 15 日,我指出股市将会暴跌。果然,6 月 15 日之后股价开始下跌了。6 月 18 日,国资委消息人士透露,央企"四项改革"试点的具体实施方案近期将对外公布,六家试点央企已针对性地制定了改革措施。在过去几个月,类似的消息一出台,是肯定能够拉抬股价的,可这一次股价还是照跌不误。6 月 24 日,国务院发布《国务院办公厅关于成立国家制造强国建设领导小组的通知》,推进实施制造强国战略,而这么重要的一个利好消息也只是轻微拉抬了股价。接着 25 日、26 日两天股市暴跌。从 6 月 15 日到 26 日,股指下跌了 17.2%,导致大量股民血本无归,尤其是那些搞场外融资的,下场更惨。

现在问题来了,我怎么会在 6 月 15 日预测股市大跌呢? 为什么我当时敢做这个预言? 我在前文已经反复指出,中国股市不能反映中国经济的基本面,目前支撑股市的是两股力量,第一是改革概念,第二是政府主动护盘。这两个力量一旦不足会怎么样? 股价一定暴跌。我们披露了大量上市公司高管的套现行为,请各位想一想,上市公司的高管比我本人聪明得多,连我都能看得懂,他们会看不懂吗? 所以他们一定会想办法套现离场。从数据来看也是如此,2015 年 5 月这一个月内,沪市上市公司高管减持 20 个亿，深市上市公司高管减持 50 个亿。而中小板和创业板则更疯狂，在 5 月这一个月内，中小板上市公司高管减持 182 个亿，创业板上市公司高管减持 114 亿元。正是这些数据让我判定股指马上就要暴跌。得出这个结论后，我立即呼吁股民先行离场。当时我们接到很多电话表示感谢，当然也接到很多电话骂我们唱衰股市。

我们来看投行和券商对后市是什么态度，如图 15-7 所示。国外投行和券商，30% 看涨，30% 看跌，40% 认为有泡沫，会先涨后跌。而国内投行和券商，10% 看涨，15% 看跌，75% 不置可否。换句话讲，有 30% 的国外券商看跌，15% 的国内券商看跌，其他基本上是某种程度看涨。如果我们认为券商会比我们一般人有更多资讯的话，他这个时候看涨是不是鼓励股民进场接盘呢？

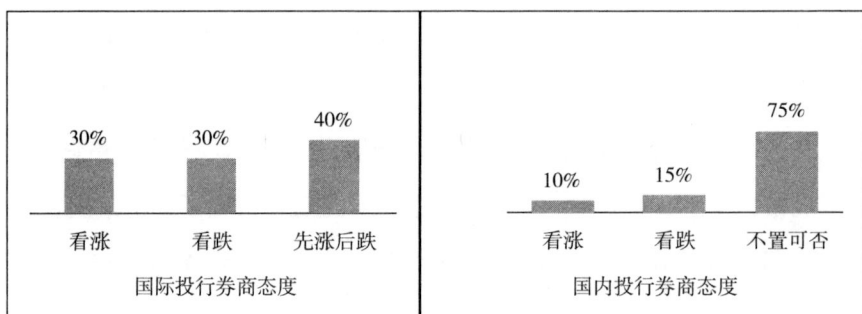

图 15-7　国际、国内投行券商态度

四、案例分析：创业板的猫腻

下面我想就创业板高管套现的问题，和各位再提出一点讨论。中小板也好，创业板也好，它没什么改革概念，也不是政府主动护盘的主体。这两个市场比起上证和深证，交易体量要小得多，套现不容易。如果想套现几千万离场的话，通常情况下会立刻造成股价暴跌。但这一波不同，上证指数暴涨之后同时拉动中小板块以及创业板，站在巨人肩膀上好办事，可以趁机套现。因此，创业板套现的高潮应该是在股指最高点附近，2015 年 4 月—6 月是最好的时机。

那么具体来说，是如何操作的呢？单靠高管本人是不行的，他一定要和基金联手。下面我就找了三家公司来做具体案例分析，根据这三家上市公司公布的季报以及年报，看看有多少家基金参与其中。

第一个是万邦达，它的股价走势如图 15-8。它的年报显示，2014 年 12 月 31 日，万邦达入驻的基金由 8 只增加到 40 只，持股量由 12.16% 增加到 14.73%，股价约 15 元。这表示什么？表示这个时候基金在建仓，在观望，然后寻找机会拉抬股价。而它的季报显示，截至 2015 年 3 月 31 日，万邦达股价被拉抬到了 36 元，大部分基金套现离场，入驻基金由 40 只锐减到只剩 11 只了，持股量只剩 7.39%。并且，基金不但自己套现离场，同时掩护高管套现。2015 年 4 月 8 日—5 月 4 日，万邦达高管总共套现 42 个亿，套现股票均价为 35 ~ 40 元。之所以没有在最高点套现，我相信只是因为高管们没有踩准股市的节奏而已。

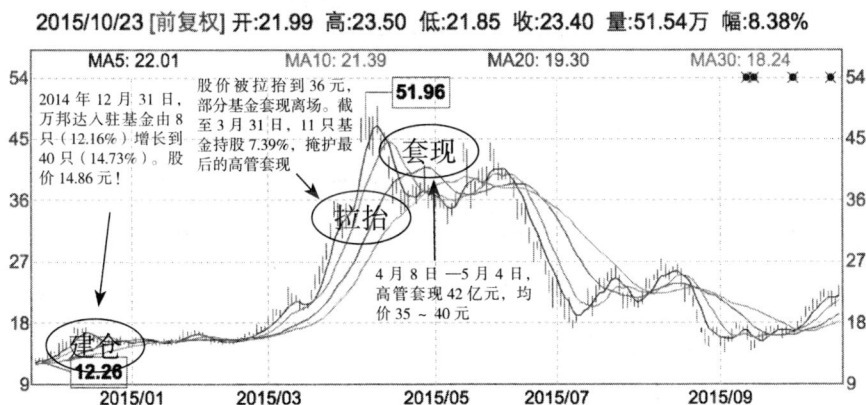

2015/10/23 [前复权] 开:21.99 高:23.50 低:21.85 收:23.40 量:51.54万 幅:8.38%

图15-8 万邦达股价走势图

第二个是新国都，它的股价走势如图 15-9。它的年报显示，2014 年 12 月 31 日，12 只基金持股新国都，持股比例 5.6%，股价约 12 元。到了 2015 年 3 月 31 日，它的季报显示，基金数量增长了一只，为 13 只，但是持股比例从 5.6% 增加到了 8.13%，而股价也被拉抬到了 43 元。就在这个时候，公司高管开始套现离场，5 月 20 日、21 日、22 日、29 日四天，高管以 61 元的高价套现了 9.02 个亿。可以肯定，如果没有基金护盘的话，公司高管根本不可能套现这么多钱。而等套现一完成，股价立马暴跌，到 6 月 19 日，股价已经变成了 47 元，比最高点下跌 38%。

2015/10/23 [前复权] 开:31.10 高:33.30 低:30.00 收:33.15 量:16.64万 幅:5.41%

MA5: 30.04　　　MA10: 28.86　　　MA20: 26.29　　　MA30: 24.37

2014 年 12 月 31 日，新国都 12 只基金持股，比例 5.6%。股价约 12 元。

3 月 31 日：基金数量增加到 13 只，但是持股比例上升到 8.13%。股价被拉抬升到 43 元。

77.77

5 月 20 日、21 日、22 日、29 日四天，高管 61 元高价套现 9.02 亿元。

套现

拉抬

6 月 19 日，股价 47 元，比最高点下跌 38%。

建仓　11.27

2015/01　　2015/03　　2015/05　　2015/07　　2015/09

图 15-9　新国都股价走势图

第三个也是媒体最关注的乐视，它的股价走势如图 15-10。乐视的年报显示，2014 年 12 月 31 日，它的基金股东从三季度末的 14 只增加到 50 只，持股比例为 5.8%，基金开始建仓。到了 2015 年 3 月 31 日，基金还是 50 只，但是持股量从 5.8% 增加到 6.57%，基金趁势拉抬股价到 43 元。而乐视大股东是很厉害的，6 月 1 日—3 日，董事长贾跃亭以 79 元高价，在股价最高点附近高位套现 25 亿离场。前面我说过，通常情况下创业板要套现 1000 万都很难，这个时候呢，成功套现 25 亿元离场，并且套现以后股价开始暴跌。

2015/10/23 [前复权] 开:49.10 高:50.60 低:47.55 收:50.17 量:51.40万 幅:0.76%

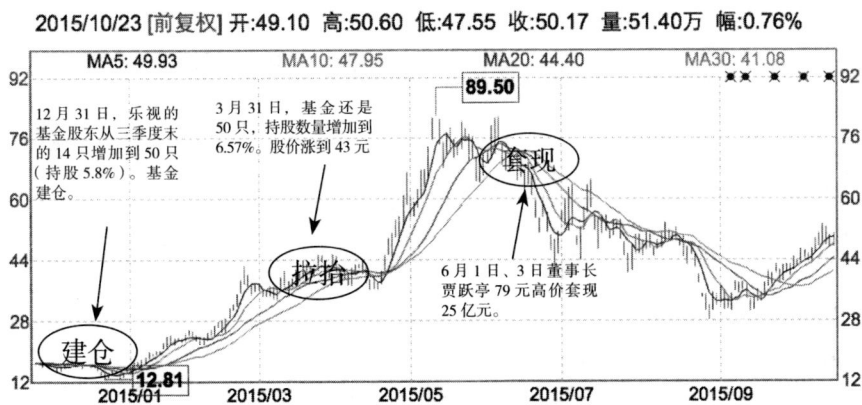

图 15-10 乐视股价走势图

第十六章　股价大跌，谁之过？

2015 年 6 月 12 日之后，A 股经历了三轮大跌。第一轮，6 月 15 日—7 月 8 日，A 股暴跌 31%；第二轮，7 月 24 日—8 月 3 日，A 股跌 11%；第三轮，8 月 17 日—8 月 26 日，A 股跌 26.7%。什么原因呢？我的结论是，三轮暴跌，是股市三个炸弹被引爆的结果。

一、股市暴跌的炸弹之一：大户套现，散户接盘

我们再来回顾一下前文说到的这一轮股市上涨的三阶段。

第一阶段，2014 年 7 月 11 日—12 月 31 日，一系列改革利好出台（7 月银行改革、8 月铁路石油改革、9 月水利改革、11 月金融券商改革），带动了股市不断上涨，上证指数涨幅 58.23%，对这波行情媒体都称之为"改革牛"。这期间中小股民投入了 1.33 万亿元进入股市。

第二阶段，2015 年 1 月 1 日—3 月 8 日，因为春节、政府年终总结、准备两会等原因，没有新的改革措施出台，股市平稳震荡。这两个月市场基本处在消化前期改革概念的阶段，中小股民净买入 5100 亿元，新的资金还在不断进入。

第三阶段，2015 年 3 月两会召开之后，改革利好不断出台，股市重新开始上涨。2015 年 3 月 9 日—4 月 27 日，两个多月时间中小股民净买

入 1.62 万亿元，比前两个月涨了 2 倍。这时候市场泡沫开始形成。2015年 4 月 16 日，上证 50、中证 500 股指期货正式面市。尤其是中证 500，这成为一个极佳的套利工具，因为它的标的是中小盘股。以往的沪深 300根本无法准确指示中小盘的价格走势，经常是股指跌了 5%，但是小盘股已经两个跌停了，起不到套利作用。

接下来的 5 月、6 月，股市震荡下跌，官媒开始护盘，这是我们做的一件错事。如果没有官媒护盘，也许股市可以进入一个平稳期，和第二阶段一样，去慢慢消化过去的改革概念，股指能维持在 4500 点左右，稍微有点泡沫很正常。可是这次护盘后，5 月、6 月间有大量杠杆资金入市，再加上做空手段齐备，于是引发了后来的大规模下跌。大庄家们也疯狂套现，从 5 月 1 日起到 7 月 8 日证监会禁令出台，总共套现 3.2 万亿元，逼迫政府出手救市。而上市公司高管们在 5 月总计套现 366.5 亿元，6 月336.4 亿元，单月套现金额相当于 2015 年前四个月套现金额的总和。

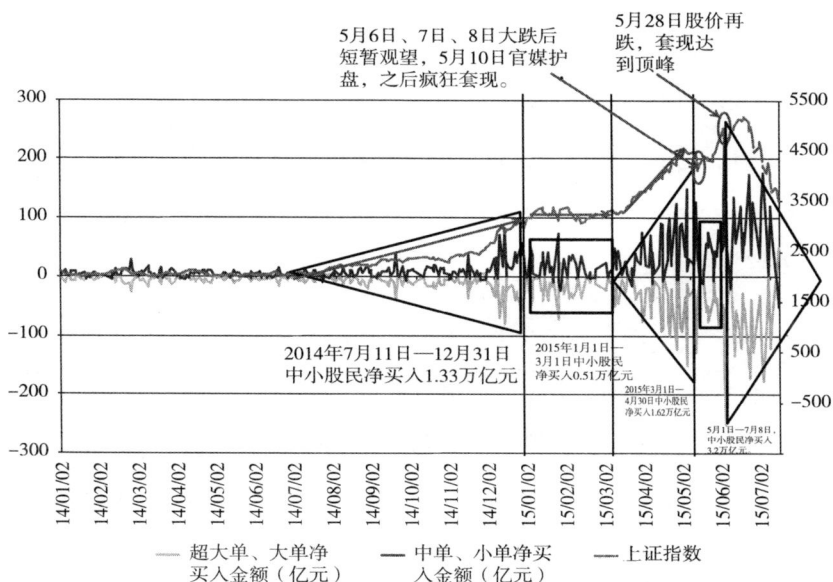

图16-1　2014年1月—2015年7月大户套现与中小股民买入金额

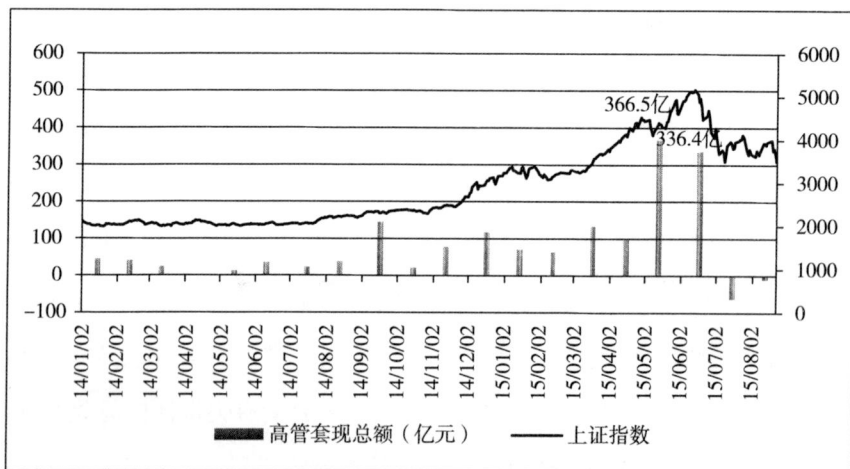

图 16-2　高管套现与上证指数

　　针对大庄家套现，7 月 8 日，证监会要求从即日起六个月内，上市公司控股股东和持股 5% 以上股东及董事、监事、高级管理人员不得通过二级市场减持本公司股份。违反上述规定减持本公司股份的，中国证监会将给予严肃处理，国资委要求央企不减持。7 月 15 日，中国证券登记结算有限责任公司发布公告称，为上市公司大股东及董事、监事、高级管理人员增持本公司股票开户提供绿色通道。7 月 9 日股价恢复平稳之后，大户不再持续单向卖出，而是有买有卖。财政部副部长朱光耀 2015 年 7 月 23 日在《瞭望智库》撰文称，推出稳定措施的目标不是拉升股市指数，而是制止市场恐慌。本轮中国股市震荡阶段已经基本结束，下一步的主要挑战是如何平稳退出市场干预措施。

　　7 月 24 日，第二轮股价暴跌。大股东又开始疯狂套现，炸弹再次爆炸。7 月 27 日净卖出 1813 亿元。当日上证指数暴跌 8.48%，创八年来最大跌幅。

　　7 月 28 日，证监会再次介入，宣布已经组织稽查执法力量，重点针对 27 日集中抛售股票等有关线索进场核查。中铁二局、金力泰、南风股份等多家上市公司发布公告称，大股东违规减持被证监会立案调查。8 月 3 日，《上海证券报》报道，两市已经有 34 个账户被禁止交易，原因是他们涉嫌操纵市场。第一种，某被限制的账户 7 月 8 日首先申报卖出 16000 笔，金额约 15 亿元。市场产生恐慌，价格下跌，但是随后该账户就开始撤单，撤单率 99.18%。第二种，几个账户一天之内集中拉抬或打压某一只股票，然后趁机买入或卖出。证监会介入调查之后，大户套现回落，股价恢复平稳。

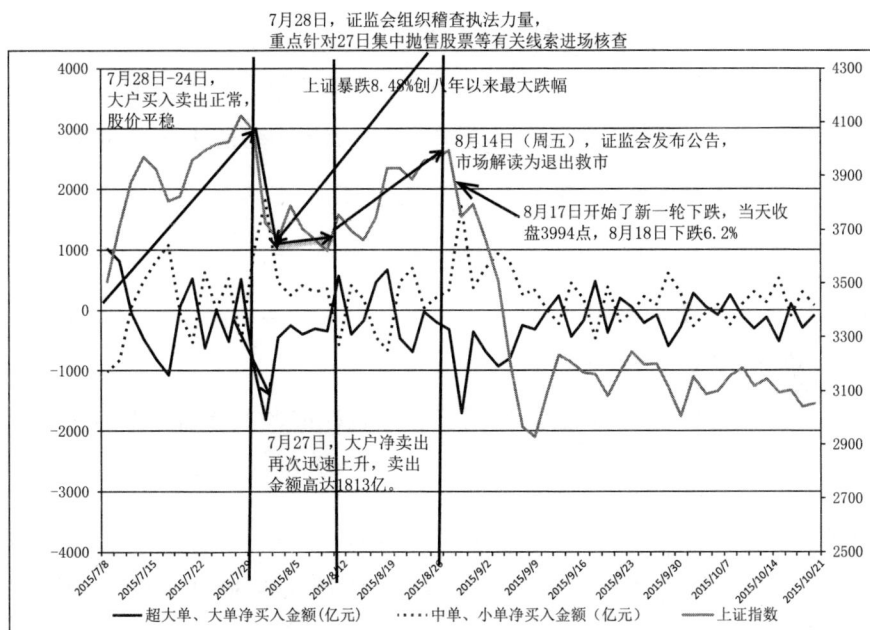

图16-3　2015年7月—8月大户套现与中小股民买入金额

8 月 14 日，中国证监会发布公告称，今后若干年，中国证券金融股份有限公司不会退出，其稳定市场的职能不变，但一般不入市操作，当市场剧烈异常波动、可能引发系统性风险时，仍将继续以多种形式发挥维稳作用。当日，上证指数报收 3965 点。7 月 27 日，暴跌同样在 4000

点附近，我在上文已经指出，当时财政部副部长表态说中国股市震荡阶段已经基本结束，下一步的主要挑战是如何平稳退出市场干预措施。所以 8 月 14 日证监会这一表态被市场充分解读为，政府救市的阶段性任务已经完成，4000 点左右救市资金不再出手。

政策表态引发新一轮的大户套现，8 月 18 日，A 股第三轮下跌。8 月 17 日，上证指数报收 3993 点，接近 4000 点，大户开始套现，8 月 18 日大户净卖出 1714 亿元，A 股暴跌 6.15%。之后几天，大户持续单向卖出，8 月 18 日—26 日累计卖出 5412 亿元。27 日，大户套现金额回落至 27 亿元，上证指数涨 5.34%；28 日，大户净买入 227 亿元，上证指数涨 4.82%。

面对大户的疯狂套现，政府也加大了查处力度。8 月 28 日，证监会新闻发言人张晓军表示，证监会近期向公安部集中移送 22 起涉嫌犯罪案件，2015 年 1 月—8 月，证监会已经正式启动刑事移送案件 48 起。这些案件的调查对象已经不再是过去的一般小人物，而是包括央企中信证券和最具影响力的财经媒体《财经》杂志在内，甚至中国证监会自身的工作人员都被公安机关要求协助调查。

新华网北京 8 月 30 日电，《财经》杂志社记者王晓璐因涉嫌伙同他人编造并传播证券、期货交易虚假信息，中国证监会工作人员刘书帆因涉嫌内幕交易、伪造公文印章、受贿等犯罪，于 8 月 30 日被依法采取刑事强制措施。凤凰网 8 月 31 日凌晨报道，中信证券 30 日晚间公告称，8 月 25 日，公司有几名高级管理人员和员工被公安机关要求协助调查有关问题，调查工作尚在进行之中，公司予以积极配合。8 月 25 日晚间，海通、广发、华泰、方正四家券商发公告，称因涉嫌未按规定审查、了解客户身份等违法违规行为，被证监会立案调查。

二、股市暴跌的炸弹之二: 高杠杆配资

高杠杆配资主要出现在 2015 年 4 月以后。为什么呢？因为如果不借助杠杆，民间没有那么多钱，为了尽快套现，引入杠杆会更方便让散户接盘。请看图 16–4。

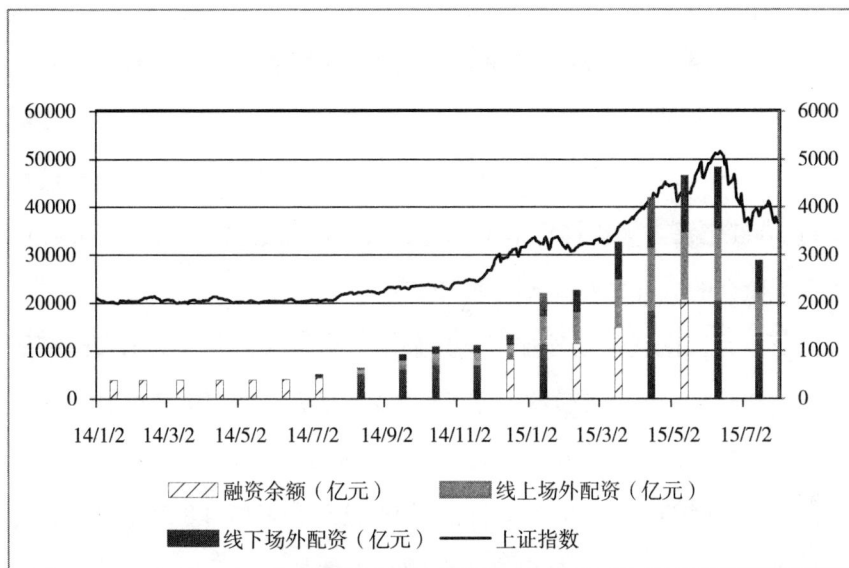

图16–4　杠杆资金＆上证指数

配资有三种形式，第一种是官方的融资融券。这是证监会监管下通过券商等正规渠道的融资余额，杠杆是 2 倍。也就是说你有 100 元，券商最多可以再借给你 200 元，一共有 300 元可用。这个门槛很高，50 万元以上才有资格进来玩，小散户是进不来的。这种官方的融资融券从 2015 年 3 月份开始增幅尤为明显，到 5 月、6 月达到高峰，配资额分别为 2.07 万亿元和 2.04 万亿元。

第二种是散户通过 HOMS 模式进行线上场外配资，平均 3 倍的杠杆，还能保证本金安全，配资额也是在 4、5、6 三个月达到高峰。HOMS 模式直接击穿了证监会的控制，建立了一整套券商系统。最顶层的国营券

商只是个接口，分仓单元可以在同一证券账户下进行二级子账户的开立、交易和清算功能。也就是说，任何人都可以通过开一个子账户成为一个私营券商，而一个交易权限的开通仅仅需要配资公司在 HOMS 系统中做一个简单的操作，他的交易就会掩盖在同一账户下其他人的交易中而且没有任何记录。

6月29日晚上，证监会新闻发言人张晓军在答记者问中称，从对场外配资初步调研情况看，通过 HOMS 系统接入证券公司的客户资产规模约4400亿元，再加上铭创软件360亿元，同花顺60亿元，配资规模总额接近5000亿元。平均杠杆倍数约为3倍，也就是说有1.5万亿元杠杆资本在证监会的监管之外流入股市。

第三种是民间线下场外配资，其金额更加难以估算。全国大约有配资公司10000家，资金规模约1万亿~1.5万亿元。他们不通过 HOMS 系统，而是直接借钱给股民开户，监控账户保证资金安全。

截至2015年6月，场内场外配资规模达到最高峰4.8万亿元，股价也被推到最高点。大量杠杆资金入市的结果就是，一旦出现下跌，就会发生千股齐跌的壮观场面。6月13日午间，证监会发布消息，要求证券公司对外部接入进行自查，对场外配资进行清理。配资在得到通知以后开始撤出，大量抛售股票，配资筹码集中的股票首先跌停。而一旦触及平仓点，跌停的股票是卖不出去的，必须抛出那些还没跌停的，结果就是引发大面积跌停。6月18日，沪指跌3.67%，两市近2000只个股下跌；6月26日，沪指跌7.4%，两市2000只股票跌停；7月7日，1700只股票跌停，占当日交易股票总额的88%。

针对高杠杆配资行为，7月12日，证监会发布《关于清理整顿违法从事证券业务活动的意见》，再次要求派出机构和证券公司加强对场外配资业务的清理整顿力度。场外配资业务大幅缩减，融资融券也从原来的超过 2 万亿元变成不足 1 万亿元。7 月 13 日，多个 P2P 平台宣布停止股票配资业务。7 月 16 日，恒生电子宣布将关闭 HOMS 系统任何账户开立功能，并通知所有客户不得再对现有账户增资，同时将关闭 HOMS 系统现有零资产账户的所有功能。同花顺、上海铭创也都暂停新开户。

　　而紧接着在 7 月 24 日的第二轮股价下跌中，配资又一次大规模出逃，拖累股市。融资融券余额由 7 月 24 日的 1.5 万亿元减少到 8 月 3 日的 1.3 万亿元。股价恢复平稳之后融资融券余额回升至 1.4 万亿元。在 8 月 18 日的第三轮股价下跌中，融资融券余额再次由 1.4 万亿元减少到 8 月 26 日的 1.2 万亿元。

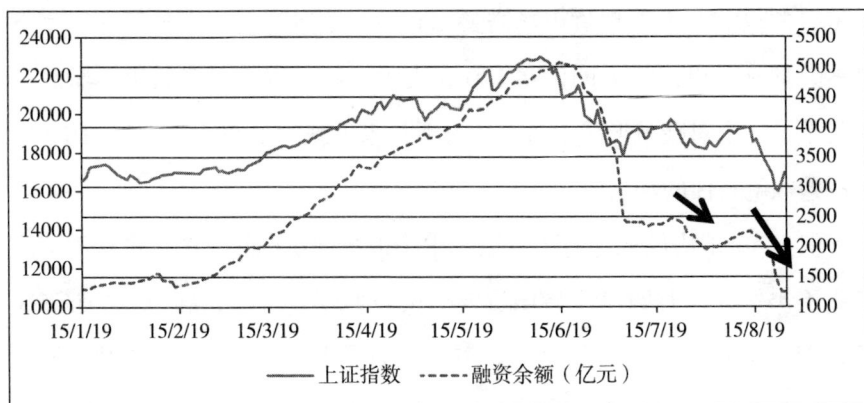

图 16-5　上证指数与融资余额发展趋势

三、股市暴跌的炸弹之三：做空制度加剧市场恐慌

　　在 2015 年 4 月股市泡沫开始形成时，做空工具也横空出世。2015 年 4 月 16 日，上证 50、中证 500 股指期货正式面市。从图 16-6 中我们可以看到，在 5、6 月份股市和杠杆都处在高位的时候，中证 500 股指期货的持卖单量也达到两个高峰。

图 16-6　中证 500 股指期货持卖单量

简单解释一下，中证 500 股指期货是说，这 500 只股票你每只持有一股，假设在今天的现货市场需要 100 元，而你判断一个月后它们是下跌的，那你可以以今天的价格 100 元卖出。如果有人看多后市，愿意接你的单，一个对赌就形成了。一个月后如果下跌到了 80 元，那么中间 20 元的差额就是你的利润。

但现在的问题是，7 月 1 日因为中小板和创业板的股票无量跌停，现货卖不出去，只有通过股指期货空单去对冲现货头寸，导致以中证 500 股指期货为首的合约大幅贴水。IC1507 合约收盘 7509 点，较现货中证 500 指数贴水 902.51 点，贴水幅度达 12%。也就是说，现在这些股票只有以今天市场价的 8.8 折往外卖才会有人来接单。由于中证 500 可以精准反映大部分股票走势，大家只能开出更多中证 500 的空单对冲，大量的空单又加剧了股市的恐慌下跌，于是形成恶性循环。

针对恶意卖空拖累股市下跌的行为，7 月 9 日，公安部副部长孟庆丰带队到证监会会同排查恶意卖空股票与股指。当天上证指数上涨 5.76%，两市近 1300 只股票涨停。然而，当第三轮股价下跌，8 月 18 日，大户大量套现之后，8月19日卖空增加，中证500股指期货持卖单量由6599手陡增至14637手。无奈之下，政府再次出手救市。8月23日，国务院公布养老金入市办法；8月25日，央行降准降息。8月27日，大户套现金额回落至27亿元，A股止跌反弹上涨5.3%；28日大户净买入227亿元，A股涨4.82%。

图16-7 中证500股指期货持卖单量与上证指数

四、为何内幕交易屡禁不止？

我们看到，三枚炸弹对股市的三轮下跌起到了推波助澜的作用，而第一枚炸弹大股东套现是股市下行的罪魁祸首。由于大股东在高位大量减持套现，散户资金不足，市场随之产生大量高杠杆配资。在泡沫越吹越大之后股价一定会暴跌，怎么办？做空期货再赚一笔或者对冲下跌。而大量的空单又加剧了股市的恐慌下跌，配资外逃，形成恶性循环。

所以，只有遏止内幕交易，大户套现得到约束，才能稳定市场预期，让股指逐步回归价值投资。这需要的不仅仅是一两个政策，而是有效的监管体系，而这正是我们目前的证券市场最薄弱的地方。

第一，抑制内幕交易的监管体系薄弱。首先，没有建立起详尽的内幕人员资料库。当前对公司高管、股东和基金经理的相关人调查登记制度还不完善，一般采取自愿登记的方式，且受统计和监管的可能内幕人范围小，没有建立起像美国那样涵盖主要责任人及其交际圈甚至中介人员的详尽数据库。其次，拒绝公众监督。1993 年颁布的《禁止欺诈办法》第 27 条就明确规定了群众举报及奖励制度，但新《证券法》中这样的条文却被取消了。

第二，对内幕交易处罚太轻。按照《证券法》的规定，内幕交易者要被没收违法所得，并处以违法所得 1 倍以上 5 倍以下的罚款；没有违法所得或者不足 3 万元的，处以 3 万元以上 60 万元以下的罚款。其中对没有违法所得情形的行政罚款最高额只有 60 万元，只有美国最高罚款额 250 万美元的 3%。并且，相对于原来的《股票发行与交易管理暂行条例》，《证券法》取消了对内幕交易追究民事法律责任的原则性规定。也就是说，即使内幕交易行为给普通投资者造成了损失，普通投资者也无权追究对方的民事责任，投资损失得不到相应的赔偿。

可见，建立严格的监管制度是保证我们的证券市场健康有序发展的前提。有了严格的监管，然后再引入上市公司流动机制，让公司优胜劣汰。我们当前的退市制度还不够完善，过去十年 A 股一共有 1188 家企业上市，但只有 50 家企业退市。为什么？因为我们股市建立的初衷是为了给国企融资用的，上市后公司赚了钱可以分红，没有赚钱也无所谓，是典型的低成本甚至零成本融资，有谁会主动退市？直到 2014 年 10 月 17 日《关于改革完善并严格实施上市公司退市制度的若干意见》出台后，才明确提出强制退市。按照新规，连续三年亏损的上市公司将被强制退市；存在欺诈发行或者重大信息披露违法的上市公司，原则上交易所要在一年内作出终止其上市决定。

相比之下，美国有完善的退市机制。以纳斯达克为例，它规定当一只股票出现最低报买价连续 30 天低于 1 美元、有形净资产低于 200 万美元、市值低于 3500 万美元等八种情况后，就会收到首次退市通知。在收到警告 90 天内，如果还没有办法让股票"起死回生"，就会被强行退市。在过去十年里，美国一共有 2050 家公司上市，而遭到退市的有 2715 家。股市流动性增加，优胜劣汰，才能提高市场有效性，股市才能健康发展。

第十七章　徐翔被抓的背后

一、谁是本轮股市暴跌的"内鬼"？

最近徐翔被抓了，很多人惊呼，为什么？我尝试给各位一个解答，而这个解答很有意思，和我前面讲的股市问题完全可以串联在一起。

前面一章我们讲到引爆中国股市下跌的三个炸弹。第一个炸弹叫大股东套现，共 6.6 万亿元，给股指带来沉重的下行压力。第二个炸弹是配资，截至 2015 年 6 月总配资额高达 4.8 万亿元，造成了股市"千股齐跌"的局面。第三个炸弹是卖空，6 月 15 日当天，卖空达到最高 3.5 万手。这三个炸弹就在 6 月 15 日同一天爆炸，导致股市暴跌。

面对这种局面，政府的应对措施也必须从这三个炸弹来入手，一一拆弹。第一个炸弹怎么拆？7 月 8 日，证监会出台规定，大股东在六个月之内不准套现。我在节目中明确反对这种做法，因为政府应该做的是，一旦发现哪个大股东通过内幕交易套现获利，立即逮捕，然后让他自证清白，而不是简单地采用禁止交易这种不疼不痒的办法。针对第二个炸弹，从 7 月 12 日起政府开始清理配资，简单说就是去杠杆化。清理之后整个配资金额下降了 40% 以上，比较成功。针对第三个炸弹卖空，怎么办呢？7 月 9 日，由公安部副部长带队，严查恶意卖空，到 7 月中旬卖空金额下降了 95.6%。当然，对卖空也不是完全禁止，而是增加难度，类似于美国在 2008 年金融危机时的做法。

然而，徐翔案提醒我们，尽管政府做了很多工作，但炸弹还是拆除得不够彻底，尤其是那些不听指挥、带头卖空的"国家队"。一直到 7 月25 日晚上，政府才宣布查处广发、华泰、方正、中信、海通等五家证券公司，这五家证券公司持有的国有股比例都超过 30%，是标准的"国家队"。同时还调查了证监会主席助理张育军等一批官员。那么，这五个"国家队"以及证监会主席助理等官员，是如何利用内幕交易操纵股价的呢？这件事和徐翔案又有什么关联？

请看图 17-1，这是 2015 年 1 月 9 日—10 月 9 日的沪深 300 指数，6月 12 日达到最高点。我们看到，一般基金的平均收益率是 24.3%，而这五个被调查的"国家队"基金平均收益率为 22.3%，表现并不惊人。并且从图上来看的话，这五个"国家队"基金的平均收益率和一般基金的平均收益率变动趋势相同，都是在 6 月 12 日股指高位时达到最高点，之后随着股指暴跌而暴跌，走势和大盘完全一致，没有任何问题。

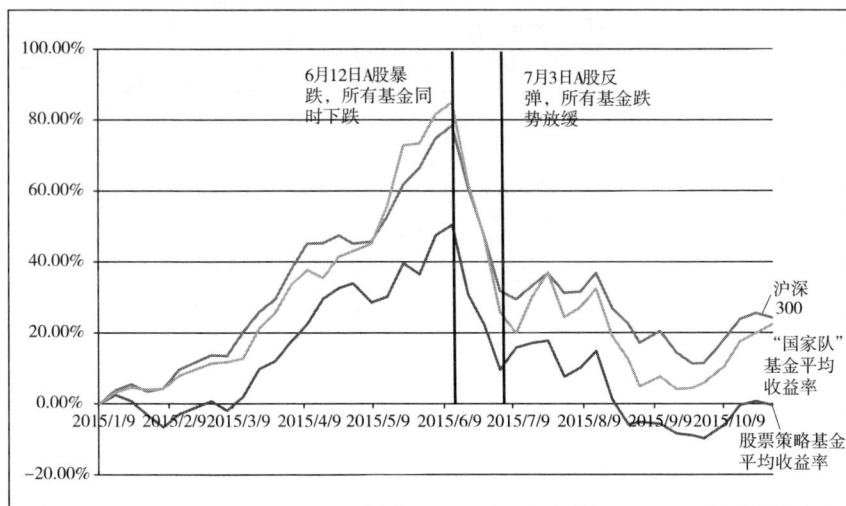

图17-1　2015年1月9日—10月9日沪深300指数及基金收益率

现在我们要问，既然这些"国家队"甘冒这么大的风险涉嫌内幕交易、操纵股价，那么它们的基金表现为什么还不如市场的一般基金呢？这个时候，徐翔出场了，而徐翔之流就是这些"国家队"以及证监会涉案官员需要的一个"白手套"。

二、泽熙基金逆市上涨的惊人表现

接下来我为大家介绍我们的研究结果，请看图 17-2。这是 2015 年 1 月 9 日—10 月 9 日徐翔的泽熙基金收益率。我们发现，泽熙基金的收益率高得吓人，最低的 160%，最高的 382%。而且当股指从 6 月 12 日开始暴跌时，泽熙基金的收益率竟然还是继续上涨，其走势和前面讲的两类基金完全不一样。

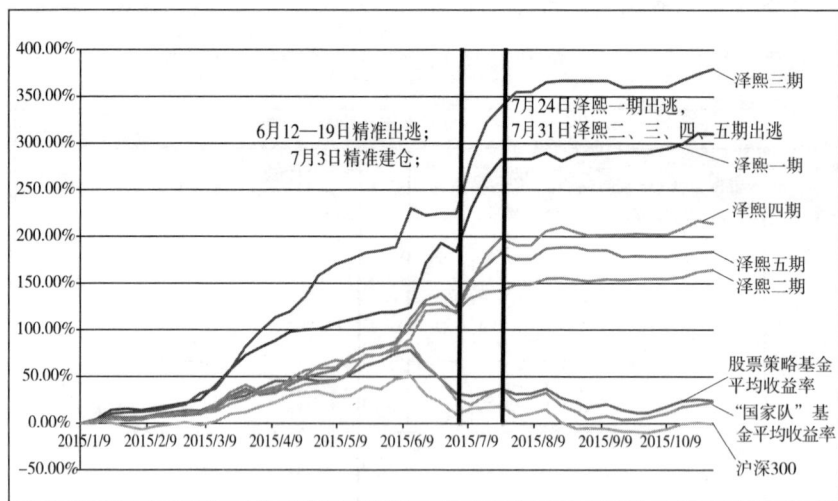

图 17-2 2015 年 1 月 9 日—10 月 9 日泽熙基金收益率

我们来逐一解读。泽熙基金是每个星期五公布它的净值，因此在图

17–2 上只有星期五这个点的值。我们发现，泽熙基金从 6 月 12 日（星期五）开始出逃。从 6 月 12 日最高点到下个星期五，也就是 6 月 19 日，除了泽熙一期外，其他四期都全部清仓出逃了。时间点拿捏得相当精准。泽熙一期没有出逃是因为它重仓持有东方金钰，而东方金钰一直被停牌。从 6 月 15 日复牌到 7 月 2 日，东方金钰上涨了 69%，因此泽熙一期基金净值也直线向上。

更让人惊讶的是，已经成功出逃的泽熙基金于 7 月 3 日（星期五）重新杀入，开始建仓。当时 A 股最低到 3629 点，当天收盘是 3686 点，泽熙五只基金同时建仓，它是在赌有新政推出吗？

请各位注意，从 6 月份开始政府曾经多次出台政策救市，虽然都不怎么实惠，比如：6 月 18 日，国资委消息人士透露，央企“四项改革”试点的具体实施方案将公布；6 月 24 日，国务院发布《国务院办公厅关于成立国家制造强国建设领导小组的通知》，推进实施制造强国战略；6 月 28 日，降准降息；6 月 29 日，宣布养老金入市方案征求意见。这些都是见效慢、不拿钱的办法，效果不大，而股价也一直在下跌。

然而，就在泽熙基金建仓完毕的下一个星期一，也就是 7 月 6 日，政府开始拿真金白银进行救市，而且都是证监会主导或推动的。7 月 6 日，证监会称中国人民银行将协助通过多种形式给予中国证券金融股份有限公司流动性支持；中央汇金公司参与救市；国务院会议决定暂缓 IPO 发行，证监会执行。7 月 8 日，证监会宣布上市公司高管不得减持；央行向 21 家券商提供 2600 亿元信用额度。7 月 9 日，公安部排查恶意卖空。7 月 12 日，清理配资。7 月 16 日，关闭恒生电子、同花顺等配资炒股软件。在政府的一系列大动作下，股市一步步回暖。

我们注意到，从 7 月 6 日（星期一）开始，所有的救市措施，基本上都是由证监会牵头或主导的，证监会是最知情的单位。因此我就做个大胆的假设，会不会是包括张育军在内的一些证监会官员，将政府决定用真金白银救市的消息在 7 月 3 日（星期五）告诉了徐翔之流？所以他们敢在这一天开始建仓。并且，到了 7 月 24 日（星期五），泽熙的五只基金又同时出逃了，时间点又把握得这么准。7 月 24 日，A 股涨到 4184 点，而从这一天之后基本没有再上过 4000 点。

我当时听到一个小道消息，跟各位分享一下，但我不能确定这件事的真实性，不承担法律责任。徐翔案的突破口在美特斯邦威这只股票上。上海有一个著名的"官二代"，跟着徐翔一起炒股票，重仓买入美特斯邦威后被套牢了。这个"官二代"向徐翔抱怨，于是徐翔立刻打了个电话给中信证券的操盘手，这个操盘手就在 7 月 8 日之后重仓买入了美特斯邦威 15% 的股份，而美特斯邦威并未作出公告。在这件事上，徐翔犯了一个低级错误，他给中信操盘手打的这个电话被记录在案了。公安部就从美特斯邦威作为切入口来调查，先抓到操盘手，然后把徐翔供出来了。对这次公安部的办案力度，我是比较佩服的，因为这个"白手套"背景极深，公安部费尽千辛万苦才把他绳之以法。按照坊间流传的消息，一般老百姓是买不到徐翔的基金的。那么谁在买呢？据说有二十个高级干部的家属在买，所以调查难度极大。

对于徐翔案，泽熙投资公司在接受采访时说："我们能够总体判断股市风险，所以会获利了结，及时保住收益。此后，在市场处于极度恐慌中时，我们又适度参与了一些反弹。"我觉得其中吹牛成分居多。并且，我相信徐翔并不是单兵作战，他背后有一个极其复杂的利益关系网。根据 11 月 2 日腾讯财经的报道："一位泽熙内部的人士曾对棱镜表示，泽熙产品收益高，但有人可能比泽熙赚得更多。因为徐翔可调动的资金，其实并非仅仅是泽熙的资金，一些小型私募会追随在徐翔左右，与徐翔共进退。"

话说回来，如果你真的买了徐翔的基金的话，能够赚多少钱呢？

泽熙一期于 2010 年 3 月 5 日成立，基金净值 1 元。第一次分红是 2013 年 11 月 14 日，每股分 1.9053 元。2014 年 11 月 28 日再次分红，每股分 1.4363 元，分红后基金净值回归 1 元。截至 2015 年 10 月 30 日，基金净值 4.4686 元，如果按时分红的话每股可以分 3.4686 元。这样算下来，基金成立 5 年的年均回报率为 136%。

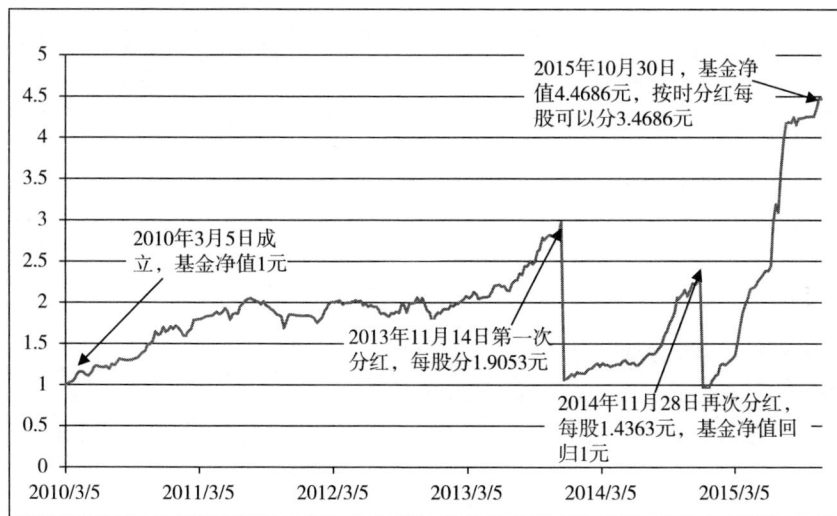

图 17-3　泽熙一期基金净值

泽熙二期于 2010 年 6 月 11 日成立，基金净值 1 元。第一次分红是 2013 年 11 月 22 日，每股分 0.8 元。第二次分红是 2014 年 12 月 19 日，每股分 1.0222 元。现在基金净值 4.0814 元，如果按时分红的话每股分 3.08 元。基金成立 5 年的年均回报率为 98%。

图17-4　泽熙二期基金净值

　　泽熙三期于2010年7月7日成立，基金净值1元。第一次分红是2013年11月13日，每股分1.4428元。第二次分红是2014年12月19日，每股分3.0575元。现在基金净值4.1603元，如果按时分红的话每股分3.1603元。基金成立5年的年均回报率为153%。

图17-5　泽熙三期基金净值

泽熙四期于 2010 年 7 月 7 日成立，基金净值 100 元。第一次分红是 2013 年 11 月 29 日，每股分 100 元。2014 年 11 月 28 日第二次分红，每股分 100.5 元。目前基金净值 265.45 元，如果按时分红的话每股分 165.45 元。基金成立 5 年的年均回报率为 73%。

图 17-6　泽熙四期基金净值

泽熙五期于 2010 年 7 月 30 日成立，基金净值 100 元。2013 年 11 月 26 日第一次分红，每股分 120 元。2014 年 11 月 28 日第二次分红，每股分 84.89 元。目前基金净值 237.61 元，如果按时分红的话每股可以分 137.61 元。基金成立 5 年的年均回报率为 68.5%。

图 17-7　泽熙五期基金净值

而如果只算 2015 年的话，则回报率更高，泽熙一期的回报率为 346%，泽熙二期 308%，泽熙三期 316%，泽熙四期 165%，泽熙五 137%。这就是内幕交易和操纵股价的直接结果。而同一时期，中小散户们哀鸿遍野，这公平吗？所以我一直呼吁要加强监管，以保护中小股民的利益不受这些权贵的盘剥。谁违法都不能姑息。

三、对于普通投资者，股市还有机会吗？

到目前为止，导致本轮股市暴跌的三个炸弹都拆掉了。第一，抓了五个"国家队"和一些证监会的相关违法人员以及徐翔之类的"白手套"，对内幕交易行为基本上起到了震慑作用，第一个炸弹算是拆掉了。第二，配资得到了管理，去杠杆化也比较成功。第三，卖空基本上被禁止了。三个炸弹都拆掉之后，股市应该是进入慢牛，虽然还是会有波动，但大家不要恐慌，慢牛已经开启。

　　这个时候应该买什么股票呢？请记住我的话，优质蓝筹股。什么叫优质蓝筹股？高分红和高回购！这就叫优质蓝筹股。蓝筹股有几个板块可以关注。第一银行，第二金融机构，包括保险公司、证券公司等，第三基建，第四地产，第五消费类。

　　那如果你不想这么麻烦，想直接买基金呢？目前市盈率在10倍左右的基金大概有三个：第一个恒生国际指数，第二个沪深300指数，第三个上证50指数。这些指数的市盈率目前在10倍左右，还有上涨的空间。但你们千万不要认为会像过去一样，涨个三五倍，那是不可能的了。

　　另外要注意，"黑五类"股票不要去买。什么叫"黑五类"呢？第一，盘子太小，不到一亿元的不要买；第二，股价低于一毛钱的不要买；第三，上市不到一年的不要买；第四，小公司喜欢炒作大的重组概念的不要买；第五，"唯一"股票不要买。什么叫"唯一"股票？就是公司喜欢吹牛，说自己发明了什么"唯一"的高新技术等等。尽量避开这五类股票，而关注我上面建议的那几个蓝筹板块，就可以长期看涨。当然了，既然是"慢牛"，就不要期待一年能涨个几倍，一年能够涨个10%就不错了，如果未来每年都能够像美股一样涨12%的话，那就太好了，七年可以翻一番，那就是非常好的股票了。随着中国股市进入慢牛，跌下3000点不太可能，而短期内涨到4000点以上就有风险。供各位参考！

楼市投资

第十八章　暴利时代结束，楼市步入常态化

一、不动产登记制度会导致楼市大跌吗？

2015 年 3 月 1 日起，《不动产登记暂行条例》开始施行。该条例在出台前被寄予了厚望，大家都觉得它能反腐，能打压房价。就连潘石屹也说，如若实施不动产统一登记制度，房价必然大跌。但实际情况是，政策落地之后，房价并没有显著下跌，反而随着政府推出的二套房首付比例降低等政策，楼市一时热闹非凡。其实，受不动产登记制度影响最大的不是城市房地产市场，而是农村土地，包括宅基地、耕地、林地、草原、海域、房屋等。

2014 年中央一号文件指出，稳定农村土地承包关系，并保持长久不变，在坚持和完善最严格的耕地保护制度前提下，赋予农民对承包地占有、使用、收益、流转及承包经营权抵押、担保权能。换句话讲，一号文件已经允许对农村土地进行除了直接买卖之外的任何市场行为。而土地要想流转、抵押、担保，就必须和金融机构打交道，第一个问题就是明确这块地是属于谁的。在过去的农村土地制度之下，土地属于集体所有，土地、房屋、宅基地都没有登记过，每家每户分到的地都是根据约

定确立。不动产登记制度最重要的一点，就是从法律上确认所有权在谁。这是所有耕地、林地、草原等进入市场的一个前提，意义重大。

第二次全国土地调查显示，全国农村集体土地的总面积为 66.9 亿亩，其中耕地面积 20.3 亿亩，草原、林地等农用地面积 35 亿亩，建设用地面积 3.1 亿亩，其他面积 8.5 亿亩。耕地面积 20.3 亿亩，本身就是价值 20 万亿元以上，加上林地草原，整个集体土地一旦进入市场，会释放几十万亿元的巨大能量。按照国土部门的安排，2017 年底，农村的所有不动产都将登记在册，建立统一平台管理。因此，这次不动产登记将盘活农村几十万亿元不动产，拉动经济发展，这本身是一个利好。

同时，新中国可能迎来第一次土地集中潮。以云南省为例，云南省准备在五年之内，搞 20000 个家庭农场，假设一个家庭农场面积是 500 亩地，总面积就是 1000 万亩。而云南省现有可承包耕地面积不过 3548 万亩，这意味着 30% 的土地要在五年内流转出去。目前，云南省已建成 14 个县级土地流转服务中心和 55 个乡镇流转服务站。

那么，为什么说不动产登记制度对城市房地产影响有限呢？《不动产登记暂行条例》第三条规定，不动产首次登记、变更登记、转移登记、注销登记、更正登记、异议登记、预告登记、查封登记等，适用本条例。而据《北京晨报》报道，在该条例实施的 3 月 1 日当天，北京市国土局发布消息说，北京市已依法颁发的不动产登记证书依旧有效，不需更换。国土资源部要求，按"不变不换"原则，权利不变动，簿证不更换，不得强制要求更换不动产权证书和登记证明。只要登记权利不变化，原有证书依旧管用。

换句话讲，假如你有 100 套房，现在不需要进行不动产登记，只有当你转手卖掉时，买家要进行不动产登记，这个信息会进入全国的统一平台，与其他部门共享。政府如果想借此获取你拥有的不动产的全面信息，至少需要等你把这 100 套房子卖完，可能要几十年时间。其实，指望靠不动产登记制度来打压房价，本来就是很不靠谱的事情。因为规避的办法太多了，没有几个官员会傻到自己名下弄很多套房产。因此按照我的看法，这次不动产登记对城市房价不会产生太大影响。

二、什么才是稳定升值的"常态化地产"？

过去有很多专家指出，房地产行业面临产能严重过剩，因此得出结论，房价一定会暴跌。我认为这是胡说八道。从近段时间的实际情况看，房价确实在小幅下跌，但是没出现暴跌，而且交易量迅速上升，超出所有人预料。为什么？

原因其实很简单。我想请问所有女性朋友，你们逛街买衣服，衣服价格什么时候暴跌过？要知道服装行业产能过剩严重得多，根据纺织网的最新数据，2014 年，我国服装产量 299 亿件，真正消费量只有 90 亿件。除了出口，每年都有 20% 的服装成为库存消化不掉，如果停止生产，累计库存足够供应五年，产能过剩是百分之几百，而房地产产能过剩不过23%。那衣服的价格为什么不会暴跌呢？只要是你们肯花钱买的衣服，它一定满足质量好、品牌好、款式时尚等等条件，否则你不会去买的。而像这样的衣服，它一定符合经济学原理，只要价格下跌，需求量一定暴涨。

地产的道理也是一样。房地产行业从 2014 年开始，进入常态化发展。只要是常态化地产，就一定符合经济学规律，价格涨时需求下跌，价格跌时需求上升，而不会出现一直暴涨或暴跌的现象。那什么是常态化地产呢？以住宅为例，第一，是不是具有本地特性，如靠近市中心、火车站、临湖面海等；第二，是不是学区房；第三，是不是地铁房；第四，是不是刚需房。这四个条件满足越多就越常态化，越常态化就越符合经济学规律。非常态化地产，比如一些"鬼城"，没学校，没地铁，也不是刚需房，就像库存的衣服，是没人要的。

　　下面我以深圳和上海的楼市为例，做具体说明。2015 年 5 月 18 日，国家统计局发布 70 个大中城市住宅销售价格变动情况，深圳新建住宅价格同比增长 0.7%，环比增长 1.8%。无论环比还是同比，深圳楼市均处于全国涨幅第一。《今日早报》2015 年 6 月 2 日报道，"深圳楼市红火，房地产登记中心一号难求"。一财网 6 月 4 日报道，"深圳楼市把北、上、广甩出一条街"。看到这些新闻标题我们会以为，2008 年那一轮楼市暴涨又开始了。但是通过分析你会发现，这完全不是我们想象中的全线暴涨！只是个别区域在涨，大部分地区涨幅不大，整体 5 月房价环比上涨 1.67%，二手房同比还下跌了 10.71%，和上一轮楼市暴涨时每天一个价不可同日而语。

　　首先我们来分析深圳各个区域的涨幅，龙华新区、宝安区、南山区、大鹏区这四个板块带动了深圳楼市上涨。其他地方都是持平，也有区域下跌，比如光明新区。其中涨幅最大的大鹏区，2015 年 1 月，深圳市委通过《大鹏新区生态文明体制机制改革总体方案（2014—2020）》和五个专项改革方案，刺激了这个区域房价上涨。而南山区价格上涨是因为前海蛇口自贸区的挂牌。龙华新区和宝安区的上涨原因更直接，广深港高铁的口岸将要设计在这里，30 分钟直达香港西九龙，所以房价上涨。从具体分析可以看出，只要符合我讲的常态化地产四个条件的区域就涨得快，不符合的区域如光明新区就会跌。

　　再来看上海。我们研究发现，涨价的区域主要集中在地铁和即将开通地铁的片区，符合我说的第三个条件，地铁房概念。地铁 14 号线于

2014年底开工建设，所以沿线的房价都在上涨，而涨幅较高的区域为地铁未来的换乘中心车站。如嘉定区嘉定新城，5月份比4月份上涨了2.47%，长宁区武宁路上涨4.99%，静安区曹家渡上涨2.86%，黄浦区董家渡上涨3.06%，黄浦区豫园上涨3.95%，这都是因为地铁14号线的缘故。还有崇明区，因为之前交通不便，二手房价格每平方米不到8000元，2014年10月29日，地铁19号、20号、21号线规划方案出台后，这三个岛将通地铁，所以房价也开始上涨。金山区房价也从2014年底开始上涨，原因是2014年12月15日，金山海岸地区城市设计方案开始向全球征集，要把这块石化污染重地改造成环境优美的滨海城区。

因此，我建议大家可以按照我说的四个条件来选购常态化地产。购买以后不会有暴利，长期来看价格上涨幅度应该和通货膨胀差不多，大概比通货膨胀高一个百分点，美国在过去一百年就是这样。所以如果你想保守投资的话，买常态化的地产，长期之下可以保值。

三、房地产行业的"香奈儿现象"

我曾经谈过，2015年3月18日，香奈儿在国内售价降了20%，为什么？其实是人民币对欧元升值了20%，所以它趁机降价20%，且无损于它的利润。而降价之后，销售量立刻暴涨，产生了我所说的"香奈儿现象"。

从2014年起，"香奈儿现象"开始在地产业显现，也就是价格下跌，需求量上涨。我统计了国内部分城市的房价和交易量数据，房价和交易量基本呈负相关。先看2014年1月1日—12月31日，北、上、广、深二手房的交易价格跟数量，如图18-1所示。北京房价在4月份达到最高点，4月份之后房价下跌4.8%，交易量上涨218%；上海房价在8月份达到最高点，8 月份之后房价下跌 7.8%，交易量上涨 80%；广州房价在 7 月份达到最高点，7 月份之后房价下跌 12%，交易量上涨 117%；深圳房价在 8 月份达到最高点，8 月份之后房价下跌 17.4%，交易量上涨 118%。

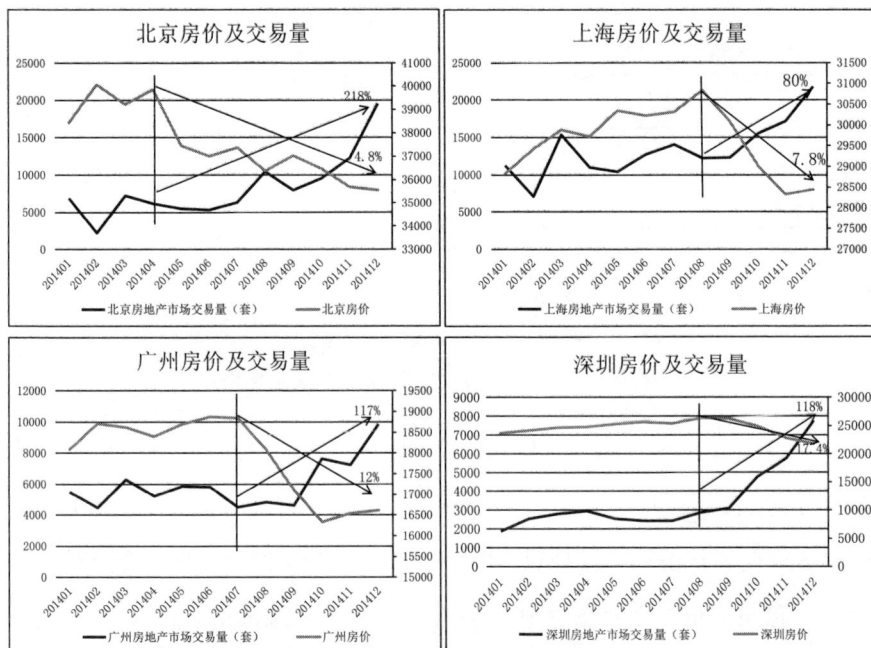

图18-1 北、上、广、深房价及交易量走势

二线城市也一样，以杭州、武汉、福州为例。其中杭州最为典型，2014 年杭州房价领跌全国，在 2 月份达到最高点后一直跌到年底，2 月—12 月房价总计下跌 14.3%，交易量上涨 373%。武汉房价在 8 月份达到最高点，8 月—12 月房价下跌 8.1%，交易量上涨 34%。福州房价在 9 月份达到最高点，9 月—12 月房价下跌 9.83%，交易量上涨 65.13%。

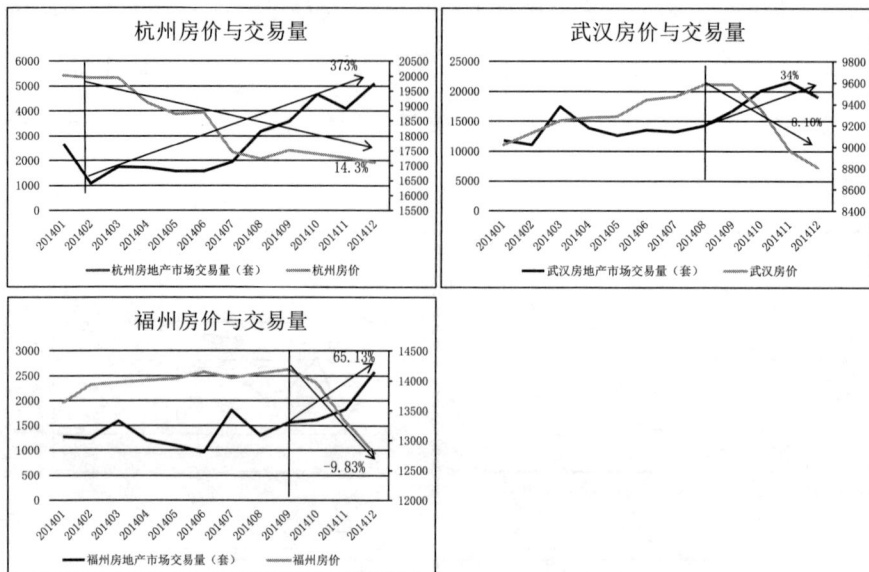

图18-2　杭州、武汉、福州房价及交易量走势

　　三线城市，我以东莞、中山、惠州、连云港、丹东为例。东莞房价在 8 月份达到最高点，8 月—12 月价格下跌 19.5%，交易量上涨 138%；中山房价在 8 月份达到最高点，8 月—12 月价格下跌 27.9%，交易量上涨 81%；惠州房价在 8 月份达到最高点，8 月—12 月价格下跌 8.5%，交易量上涨 65.8%；连云港房价在 3 月份达到最高点，3 月—12 月价格下跌 20.2%，交易量上涨 21.6%；丹东房价在 2 月份达到最高点，2 月—12 月房价下跌 10.1%，交易量上涨 66.3%。

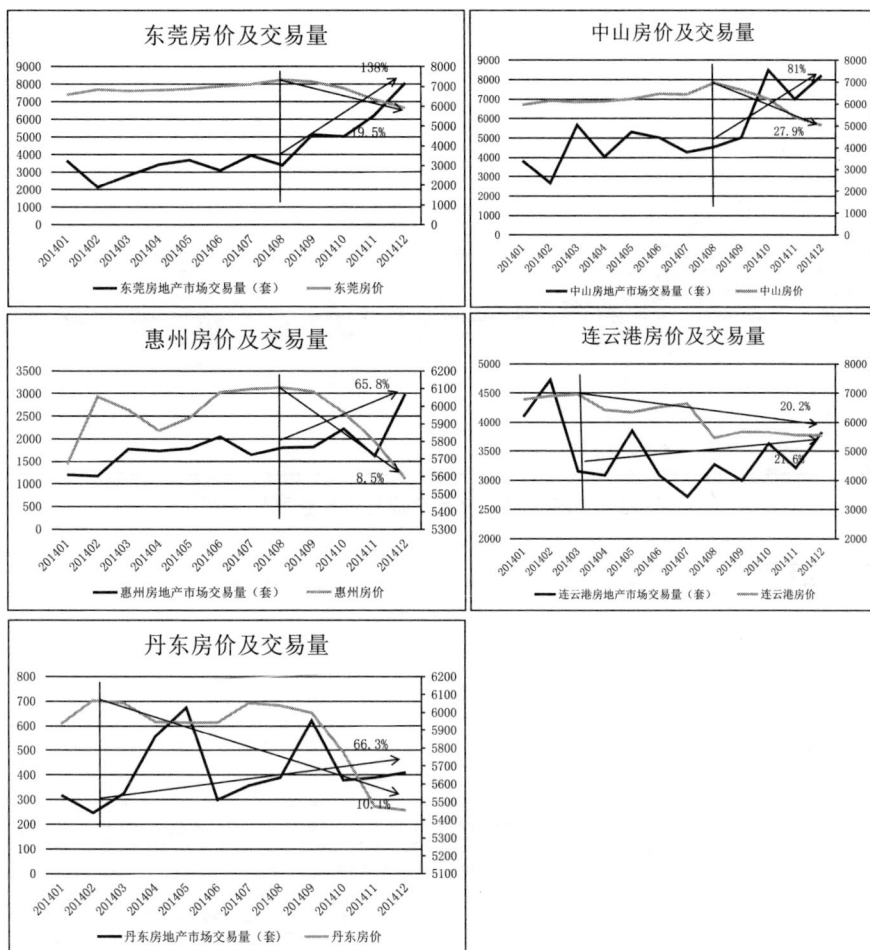

图18-3 东莞、中山、惠州、连云港、丹东房价及交易量走势

从以上分析可以得出，2014年全国各城市房价达到最高点之后，几乎都出现了价格下跌、交易量上涨的"香奈儿现象"，楼市慢慢恢复常态化。并且，2015年继续延续2014年的态势，价格同比下跌，交易量上涨。

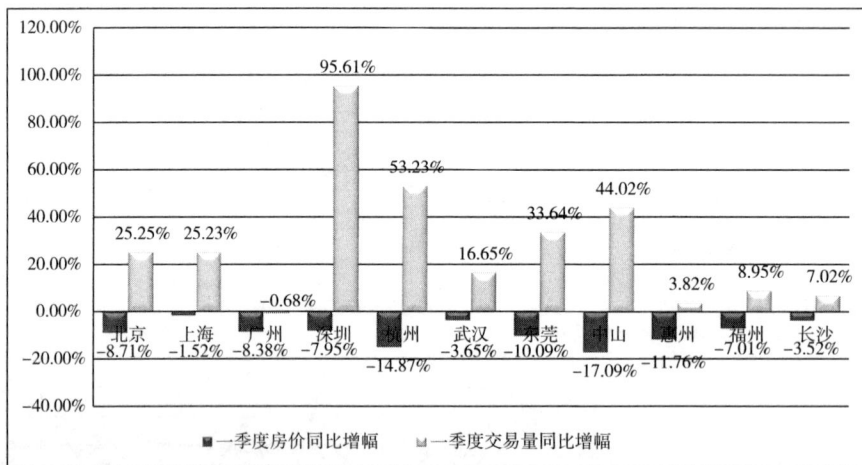

图18-4　2015年一季度房价与交易量同比增幅

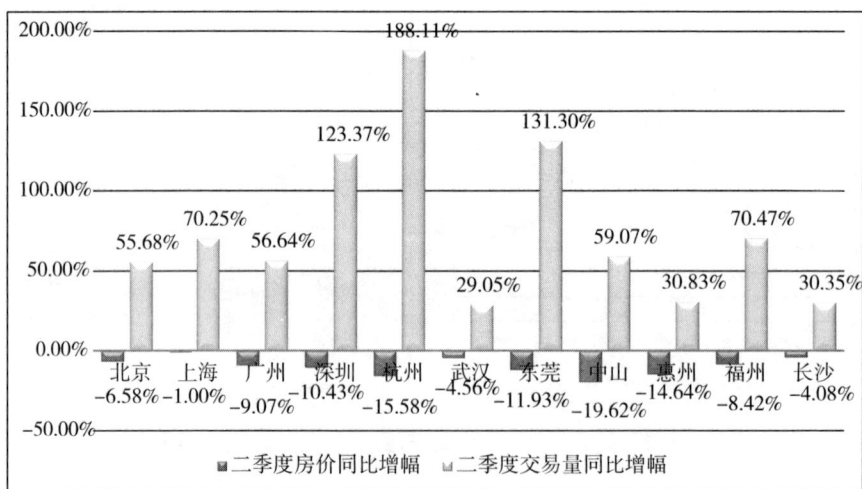

图18-5　2015年二季度房价与交易量同比增幅

四、从二手房价格与交易量看楼市前景

从二手房市场交易量来看，楼市根本没有陷入萧条，反而非常火爆。下面我就这些城市的楼市数据再做一个分析。在我分析之后你会发现，

2015 年第一季度的价格全部比上年同期低，而交易量除了一个城市之外，全部比上年同期高。哪有看到萧条呢？二手房市场挺好的嘛。

先来看各个城市的楼市价格走势。如图 18-6 所示，一线城市北、上、广、深平均房价在 2014 年 8、9 月份之后有所下跌，到 2015 年 5 月已经止跌企稳，价格和最高点相比平均下跌了 7.2%。城市内价格上涨的只是个别区域，或者因为地铁开通，或者因为政府投资。北京通州的房价也在涨，5 月同比上升 2.3%，原因是北京市政府计划要搬到通州。但是放眼整个北京的楼市平均价格，5 月同比下跌 5.22%，环比下跌 0.5%。

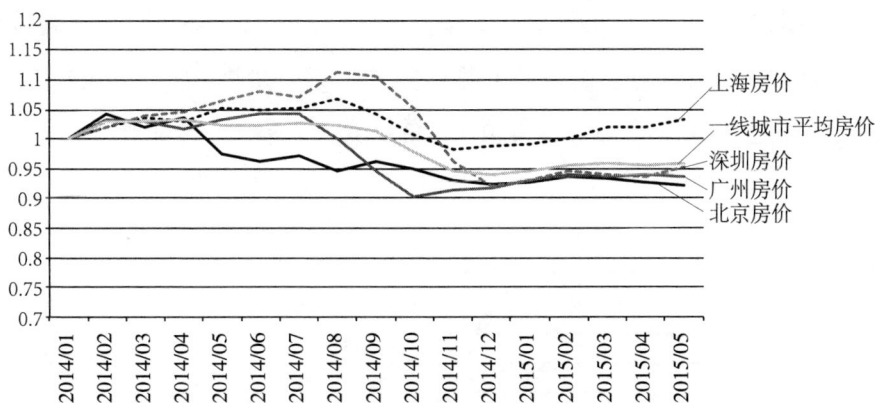

图18-6 2014年1月以来一线城市房价走势图

杭州、武汉、青岛、福州这几个二线城市，除杭州外基本都止住了下跌势头，2015 年 5 月的平均房价比 2014 年最高点下滑了 16.5%，如图 18-7。

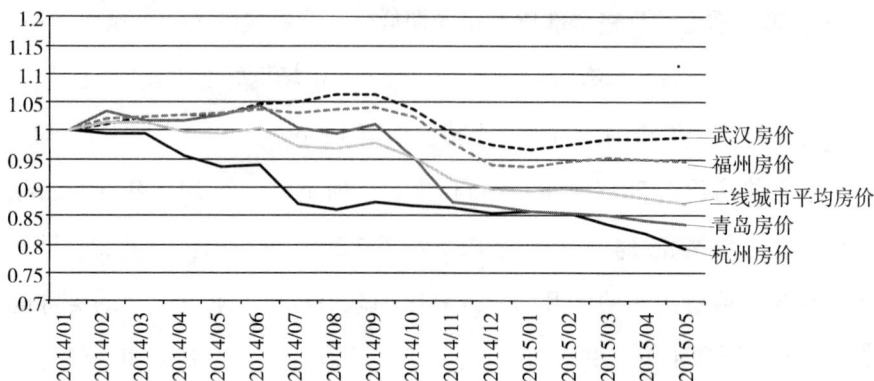

图18-7　2014年1月以来二线城市房价走势图

再来看东莞、中山跟惠州这几个三线城市，如图 18-8 所示。三线城市房地产需求要比一、二线城市低很多，所以价格跌幅也大。2015 年 5 月房价和 2014 年最高点 8 月份相比，价格下跌了 21%，房价走势也基本企稳。

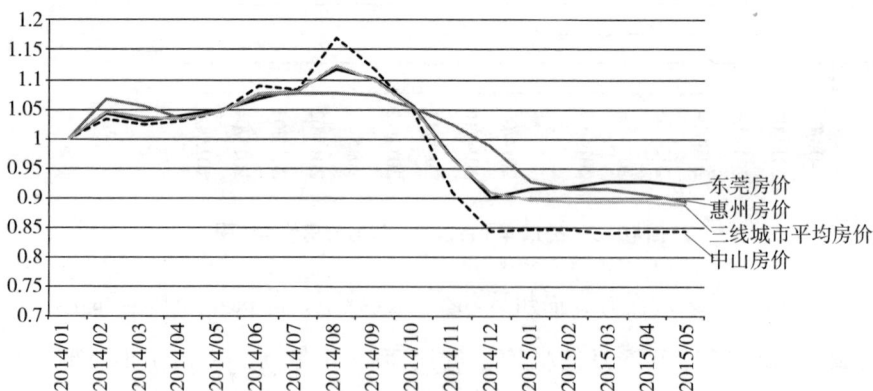

图18-8　2014年1月以来三线城市房价走势图

从以上分析可以看出，在这段时间之内，一线城市房价平均下跌 7.2%，二线城市房价平均下跌 16.5%，三线城市房价平均下跌 21%，越是小城市价格下跌越明显，这和我们的常识是比较吻合的。总结来说，这段时期二手房市场基本止跌企稳。

再来看各个城市的二手房交易量。如图 18-9 所示，2015 年初，一线城市北、上、广、深交易量普遍开始上涨，1 月—5 月累计同比上涨 43%。2 月份交易量低是因为春节效应，3 月之后，交易量开始回升。

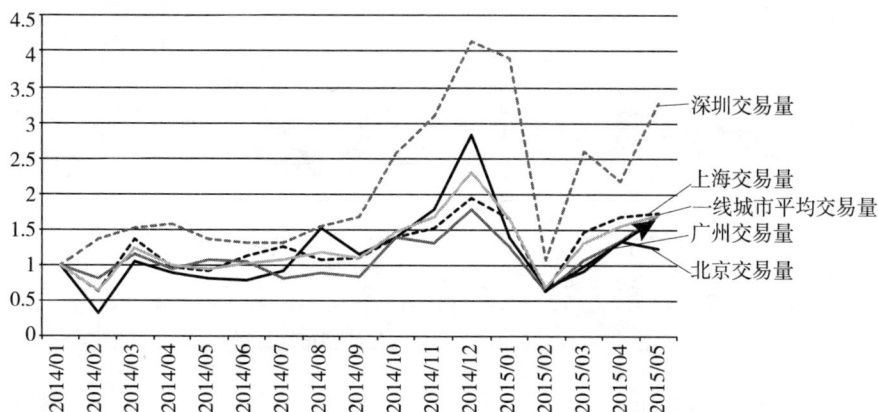

图18-9　2014年1月以来一线城市交易量

杭州、武汉、青岛、福州这几个二线城市，如图 18-10 所示，同样是在 2015 年 2 月份之后，交易量暴涨。平均来看，5 月单月交易量同比上涨 54%，1 月—5 月累计同比上涨 18.6%。

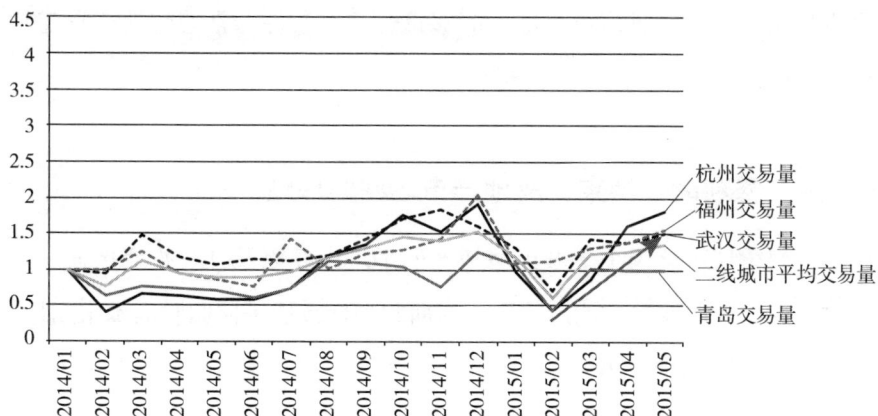

图18-10　2014年1月以来二线城市交易量

东莞、中山跟惠州这几个三线城市，如图 18-11 所示，同样是在 2

月份之后交易量呈直线上涨趋势，1月—5月的交易量同比上涨了46%。

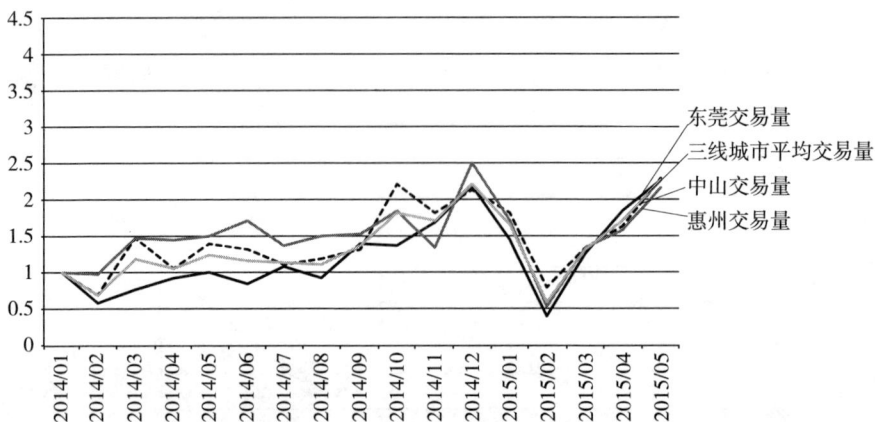

图18-11 2014年1月以来三线城市交易量

通过以上分析我们可以看出，2015年1月—5月，全国一二三线城市的房地产价格基本止跌，交易量开始暴涨，当然我指的是二手房交易量。为什么我要用二手房数据呢？因为二手房数据是真实的交易数据，它最可靠。如果朋友们想投资楼市，请一定要记住我说的四大条件：第一是否符合本地的特色，第二是否是学区房，第三是否是地铁房，第四是否是刚需房。一旦房价上涨，能够符合这些条件的常态化地产肯定是优先上涨，因此是可以作为长期投资的。

五、暴利时代结束，房地产市场回归理性

我们统计了全国主要城市房地产的平均库存以及开发投资增速，发现一个规律，那就是房地产市场逐渐回归理性，房子回归它的本来属性。请看图18-12。如果2014年1月的库存为1，那么到了2015年1月，库存为1.38，也就是说库存量增加了38%，库存积压相对严重。因为高库存，房地产的开发投资增速从2014年1月的20%下降到了2015年3月的6%，

进入了一个平稳发展期。这里就可以看出，当库存增加时，投资开始放缓，楼市逐渐回归经济学常识。因为普遍降价销售，到了 2015 年 5 月，库存已经降到了 1.32，说明通过降价来去库存是有效的。

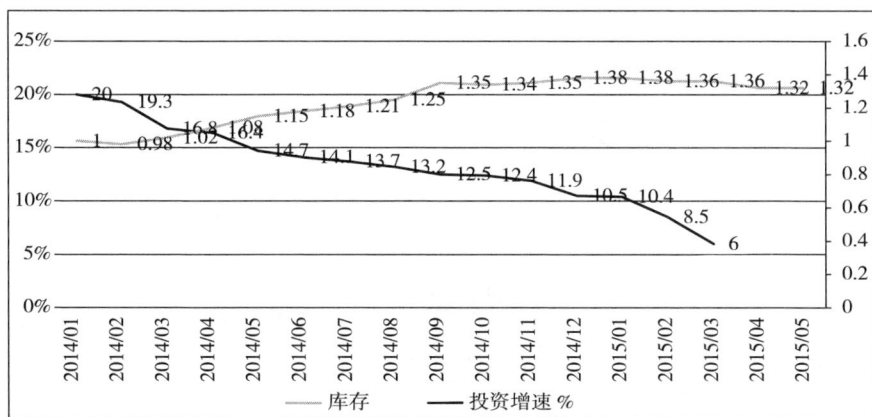

图18-12 房地产库存及开发投资增速

同时我们看到，即使政策松绑，买房杠杆已经很高，但是房价并没出现暴涨。2015 年 3 月 30 日，央行发布《关于个人住房贷款政策有关问题的通知》，其中规定：公积金贷款买首套房的首付比例只需要 20%；购买二套房，首套房贷款已结清的首付比例为 30%，未结清的首付比例为 40%。相比此前二套房首付比例 60%，已经大幅降低，但是全国各地房价都没有出现以前那种暴涨，楼市逐渐回归理性。

根据我们的判断，2008 年之后的那轮房价暴涨以后都很难有了。城市新增人口在急剧放缓。2010 年，新增进城农民工数量为 802 万，2012 年减少到 473 万，到 2014 年只有 211 万，只相当于 2010 年的四分之一，后续劳动力严重不足。当然，北、上、广、深这些一线城市还是很有吸引力的，劳动力短缺的主要是三线及以下城市。方正证券的最新研究报告也显示，2015 年之后，中国 20 ~ 64 岁劳动力人口开始负增长，而且下降速度将超过日本。

第十九章　从体验式消费看商业地产

一、在中国谁是最大的观影群体？

国产电影正在创造历史。2015年7月19日，全国单日观影人次960万，票房4.35亿元，刷新内地影市单日大盘纪录。其中《大圣归来》累计票房超过9亿元，创下国产动画最高票房纪录。《捉妖记》以单日1.8亿元票房创造新的华语片单日票房纪录，累计票房超过24亿元，成为中国电影历史票房冠军。我们的电影市场为什么这么火爆，谁在看电影？我们先来看图19-1。

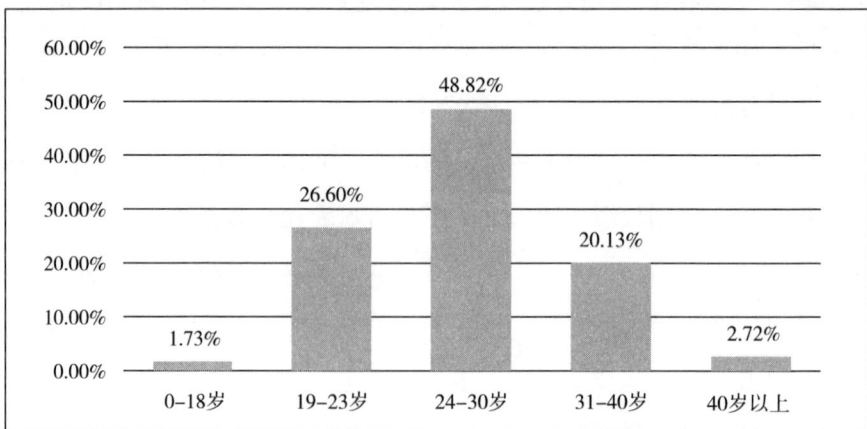

图19-1　中国电影观众年龄结构比率

"微信电影票在线"对一万多人的统计显示，我们的观影人群70%以上是30岁以下的年轻人。这样一个比例说明了什么？说明年轻人是票房主力，哪部电影能够满足年轻人的偏好，哪部电影就能获得可观的票房收入。如之前郭敬明的《小时代》系列，累计票房18亿元，赵薇的《致青春》，累计票房7.5亿元。2015年上半年的热门电影《捉妖记》《大圣归来》《煎饼侠》等，它们的"粉丝"也无一例外都是以80后、90后为主的年轻人群体。再说一下《大圣归来》，中国过去的动画片太过幼稚，年轻人不看，可是这部《大圣归来》故事改编得很成功，其目标人群就是年轻人，再加上制作认真，口碑很好，所以大卖。反过来说，这也是为什么《太平轮》这部电影，大导演、大明星、大制作，业内评论不差，但就是没有票房。因为中国大陆年轻人不太了解这段历史。

相对而言，美国电影的观影主体比较平均，基本上每个年龄段都有，也就是说全民看电影。因此美国的电影就比较平衡，2015年，前20大票房排名中各种类型的片子都有。

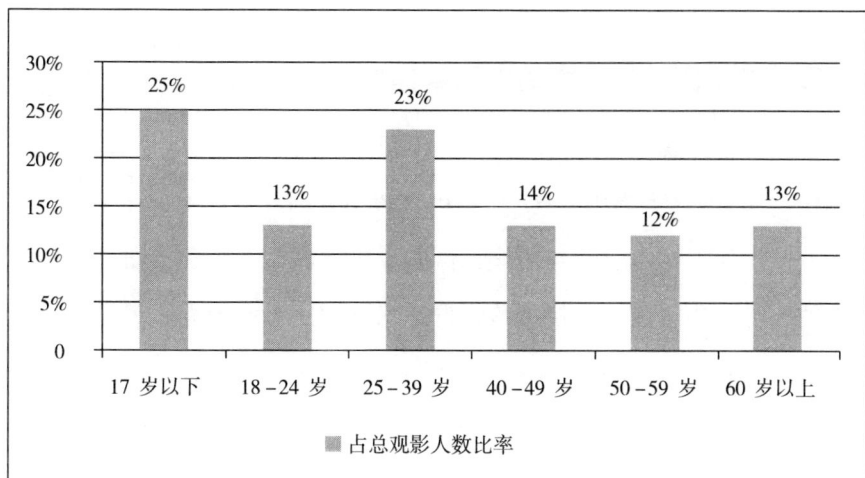

图19-2 美国电影观众年龄结构比率

因为年轻人的观影热潮，中国电影票房高速增长，特别是2007年以来，年平均增长速度在 30% 以上。2014 年，中国电影总票房达 296.39 亿元，同比增长 36.15%。艺恩咨询发布的《2014 年中国电影市场影响力研究报告》显示，北美电影市场全年票房 641 亿元，与 2013 年相比下降 6%。而如果中国电影票房按照每年 30% 的增长速度计算，只需要三年，市场规模就会超过北美。

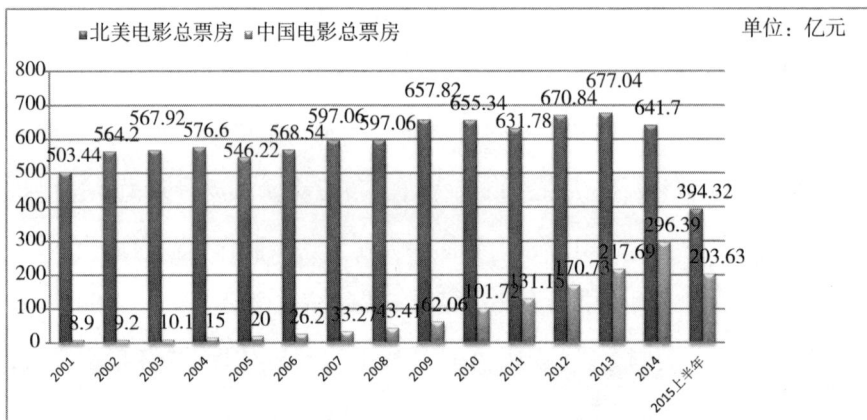

图 19-3　中国与北美电影总票房比较

二、在中国谁是最大的网购群体？

说完电影，我们再来聊聊网购。中国网购人数 3.8 亿，还有 10 亿人不网购。这 3.8 亿人当中有 77% 在 30 岁以下。因此可以说，在中国年轻人是网购的绝对主力。而在美国，网购不是年轻人的专利，而是一个全民性的行为。2014 年，美国网购人群达 1.98 亿，什么概念？就是说美国 15 周岁以上的人 78% 都网购。中国年轻人强劲的购买力让中国的网购金额从 2013 年起就超过了美国，而且增速还远远高于美国。2014 年，中国网购金额达到 2.8 万亿元，同比增长 51.5%；而美国网购金额只有 2.1 万亿元，增速只有 15% 左右。

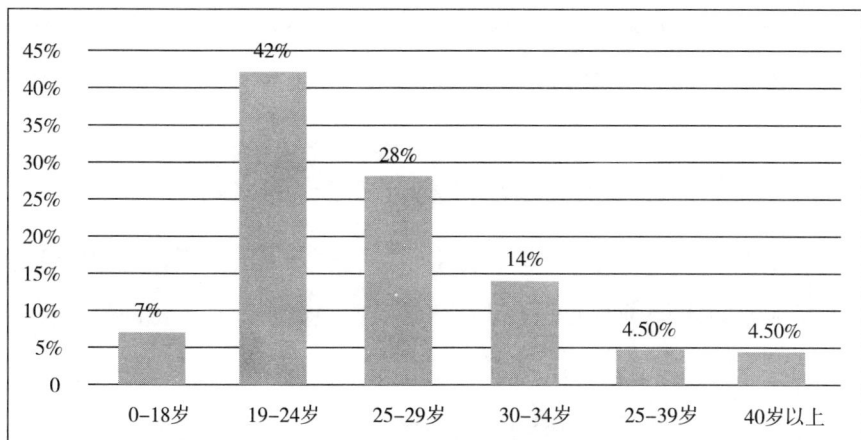

图19-4　中国网购人群分布

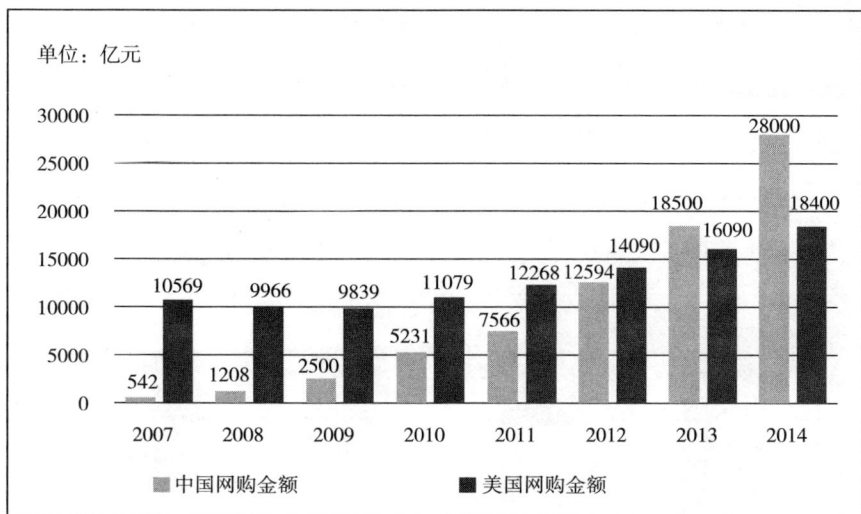

图19-5　中美网购金额对比

　　这是很有意思的现象。你想象一下，一群30岁以下的中国年轻人，他们收入不高，要买便宜东西所以选择网购。但会网购的人基本都会在网上下载电影，在中国一部电影上映一两周之后一定会有高清版视频流出，可是他们偏偏去电影院看。这就是我们今天面临的商业现实——谁能够满足这群年轻人的消费偏好，谁就能在商业上取得成功。这群年轻人需要什么呢？体验！在电影院看电影带来的体验和在家看视频是不一样的。这也是我们今天要讨论的话题：体验式消费。

三、提供体验式消费才是未来购物中心的出路

为什么我提倡体验式消费呢？第一，年轻人不看电视，因为电视满足不了大家的体验式需求。腾讯对此做了一项调查，在被访问的网民当中，如果他们想去看一档电视节目，20—29岁的年轻人77.7%都会选择在网上看，19岁以下的有65.4%会在网上看。像《财经郎眼》节目，网上累计点击量超过3亿人次，节目播出当天一般都在微博电视指数上排名第一，有大量学生在观看，但是电视收视率却总让王牧笛头疼。年轻收视群体萎缩导致的直接结果就是人均每日收视时长下降，2010年人均日收视时长171分钟，2014年日收视时长降到人均161分钟。这方面全世界都差不多，美国看电视的主要群体也是老年人。瓦格纳国际公司的调查显示，美国五大电视网直播节目的观众平均年龄50岁。

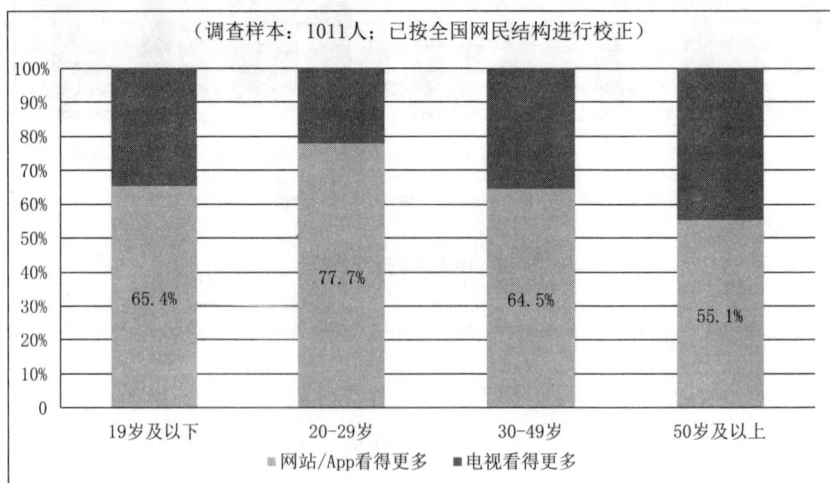

图19-6　视频渠道在不同年龄段用户之间的分布

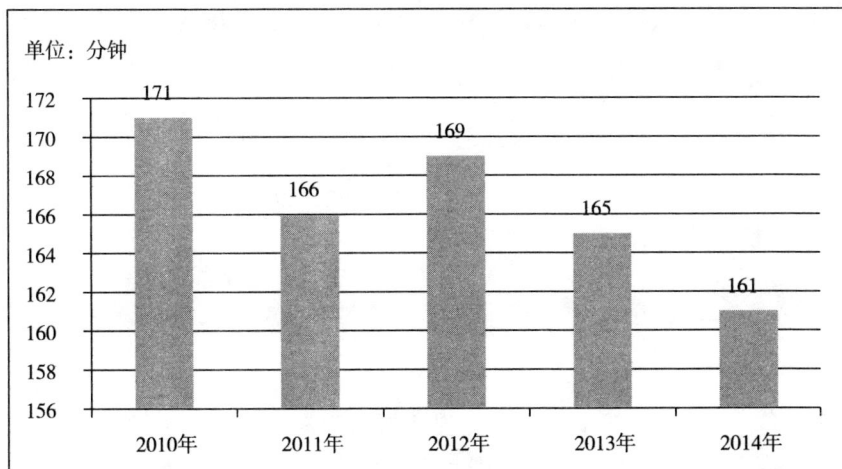

图19-7　中国人均每日收视时长

第二，只有能满足年轻人需求的体验式消费才能满足未来的商业需求。因为网购的冲击，传统百货已经陷入萧条。联商网《2014年主要零售企业关店统计》显示，2013年主要零售企业有35家关店，2014年有201家关店，关店数量上涨474.29%。RET睿意德中国商业地产研究中心最新数据显示，2014年以来，大型百货公司已明确将要关店的数量达到38家。其中，关店数量最多的百货品牌为百盛百货、马莎百货，各为5家；华堂4家；王府井、中都、NOVO、宝莱、尚泰等百货品牌也均有关店。这些基本都是一线城市的百货公司。为什么关店？一句话，满足不了年轻人的体验式消费需求。

据第一太平戴维斯的统计，消费者在超市逗留的平均时间是45分钟，而真正的体验购物中心的消费者逗留时间为2.5 ~ 3小时。这说明在体验式购物中心，购物已不是人们的主要目的，消费者将更多的时间花在了购物之外。因此，现在几乎所有的购物中心都在宣称要注重"体验式消费"，要打造城市综合体，重点打造那些不能在网上完成的项目，比如健身、KTV、按摩、餐饮、酒吧、IMAX 电影、儿童游乐场等。像万达正计划把购物业态比例从 60% 逐步下调至 40% 左右。毫无疑问，这已经成为新一代购物中心的标准模式，全中国都在打造这样的新一代购物中心。

四、体验式购物中心发展三阶段

那么，什么是体验式购物中心呢？具体来说，它有三个发展阶段。

初级阶段：集购物、餐饮、娱乐为一体，万达就是这种模式的代表性企业，这也是国内的主流模式。现在很多三四线城市都在打造这种模式的购物中心。

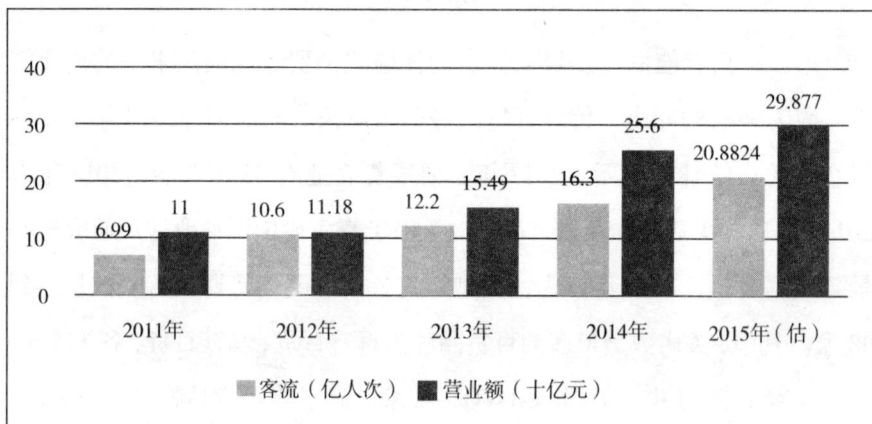

图19-8　万达百货的客流及营业额

但问题是，这种模式在中国已经开始出现过剩。2015 年 6 月 21 日《第一财经日报》报道："中国购物中心的供应量将从 2013—2014 年的 360 多个，增加到 2016 年的 600 多个，数量几乎要增加一倍。这将对运营者带来巨大挑战。"例如天津近三年开了 20 家这种城市综合体，而山东烟台开发区竟然有十多个这样的商业综合体在同时推进。到时候竞争之激烈可以想象。

中级阶段：在满足购物、餐饮、娱乐之外，增加身份认同。比如北京三里屯模式。三里屯 SOHO 算是成功的体验式消费中心，酒吧、购物、电影、餐饮、健身、游戏、运动、书店、写字楼等年轻人热衷体验的东西一应俱全。北京三里屯已经成为年轻人聚集的标志性区域，几乎是 24 小时都人气聚集，半夜 12 点还在堵车。

成都目前已经面世的太古里就是非常典型的体验式消费中心，把寺庙和休闲、餐饮、购物融为一体，不夸张地说到处是俊男美女，人流很旺，非常成功！还在建的新南中心、美国城和星期八广场等商业项目都将以体验式消费来招揽消费者。重庆江北龙湖新壹街，主打 24 小时开放式不夜城。深圳龙华区的商业综合体星河 COCO City，主打亲子体验。这些商业综合体都要往三里屯这种中级模式上靠拢，这也是未来的主流商业模式。

高级阶段：类似于澳门的威尼斯人度假村，它融于生活中，既是景点，又是休闲娱乐中心，附带有购物功能，这样的模式在国内还很少见。

而美国的情况有所不同，它的传统百货还是比较稳定的，受网购冲击不明显。请看图 19-9，2009—2014 年梅西百货的营收情况，基本呈稳定增长的态势。

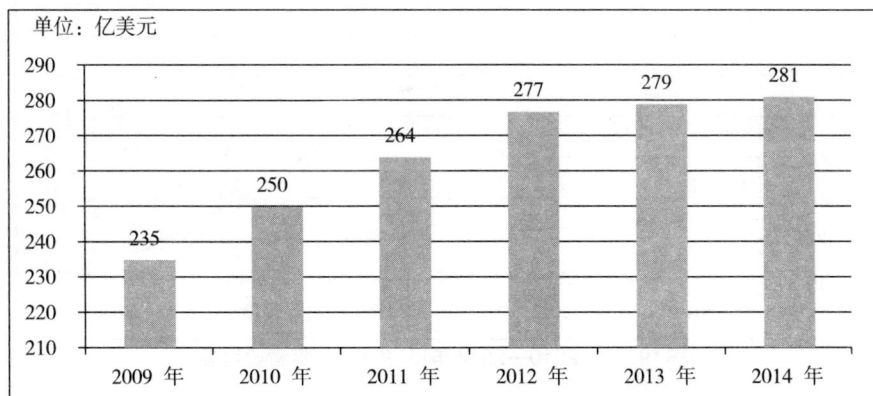

图19-9　2009—2014年梅西百货的营收情况

美国的所谓体验式消费也有所不同，那些高大上的体验式购物中心针对的是中产阶级以上的富人阶层，根本不是针对年轻人的。业内把美国纽约第五大道、法国巴黎香榭丽舍大街、日本东京都新宿大街当成体验式商业中心的成功案例，这些注定了不能走进千家万户的普通老百姓，更走不到年轻人心里。而我们针对年轻人的体验式消费模式遥遥领先于美国和欧洲，像三里屯 SOHO、成都太古里这些年轻人消费娱乐的聚集地，美国都还没有。美国的 downtown，即便是纽约，规模都小得可怜，根本没办法和我们相提并论。

一句话，在中国，只要精准满足了年轻人某一方面的需求，这样的商业模式就能取得成功。反过来说，只要一种商业模式还吸引不到年轻人，就无法取得爆发式增长。例如，因为年轻人的高端购买力不足，中国奢侈品店铺增速很有限，而且市场增速也在放缓。图 19-10 是 2010—2014 年 LV 在大中华区的营业收入增幅，呈逐年下滑的趋势，到 2014 年增长率只有 1.60%。

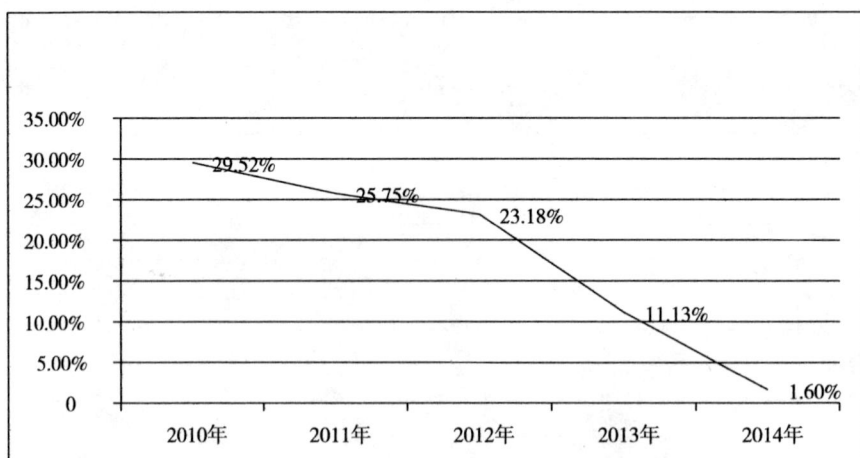

图 19-10 2010—2014 年 LV 在大中华区营收增幅

大宗商品投资

第二十章 谁主导了国际大宗商品走势？

一、投资黄金，美元指数最关键

关于黄金投资，我过去在节目里的观点全部得到应验。我曾给大家指出，在正常情况下，美元涨，黄金跌；美元跌，黄金涨。而一旦碰到危机，两者一起涨；危机过后，两者又成反比关系。实际情况如何呢？如图 20-1 所示，我把 2014 年 1 月—2015 年 8 月的黄金和美元价格走势分为三个阶段：

第一个阶段，2014 年 1 月—10 月，美元上涨 9.9%，黄金从每盎司 1205 美元跌到了 1140 美元，两者成反比。

第二个阶段，2014 年 11 月—2015 年 1 月，美元涨了 7.1%，黄金从每盎司 1140 美元上涨到了 1301 美元，两者同时涨。为什么？因为出现了乌克兰危机。危机期间，美元上涨使得卢布贬值了一半，那么俄罗斯会怎么做呢？俄罗斯会抛卢布，或者换成美元，或者用美元再买成黄金。因此美元、黄金就会同时涨。

第三个阶段，2015 年 2 月—8 月。危机过后，美元、黄金恢复正常走势，此涨彼跌，成反比。例如，2015 年 1 月 22 日—3 月 13 日，美元上涨 6.2%，黄金由每盎司 1301 美元下跌到 1158.7 美元；3 月 13 日—5 月 18 日，美元下跌 6.04%，黄金走强，从每盎司 1158.7 美元上涨到了 1223.9 美元；6 月 18 日—7 月 21 日，美元上涨 3.5%，黄金从每盎司 1223.0 美元下跌到 1171.25 美元。

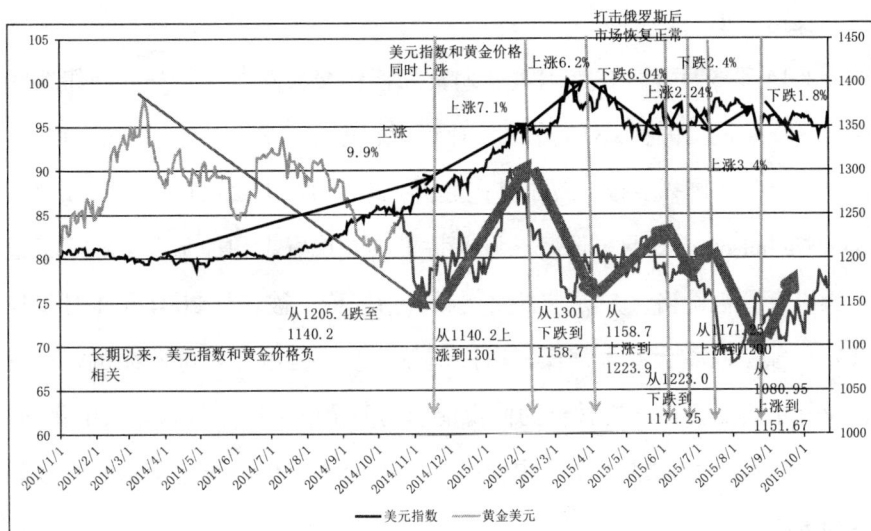

图20-1　2014年1月—2015年8月的美元指数和黄金价格走势

二、黄金定价权的秘密大转移

还有一点需要特别提醒各位注意，2015 年 2 月之前，美元和黄金的负相关性只有 0.7，现在则上升到了 0.9 以上。为什么？我们来看看美国是如何把黄金定价权从欧洲拿走的。

黄金定价是 1917 年英国人定的规则，由英国巴克莱银行、德意志银行、加拿大丰业银行、汇丰银行和法兴银行这五大交易商确定。每个工作日，五家银行的代表在上午和下午各举行两次秘密会议，制定伦敦黄金定盘价。除了五大银行的黄金交易代表外，没有任何人可以参与、观看定价过程。

对于这种秘密定价方式，美国彭博社于 2014 年 3 月率先发难。彭博社报道指出，根据纽约大学史登商学院教授 Rosa Abrantes-Metz、穆迪常务董事 Albert Metz 联手草拟的研究报告，伦敦黄金定价恐已遭相关银行操纵长达十年。

2014 年 3 月 3 日，美国黄金期货和期权交易商凯文·马厄向纽约联邦地区法院递交诉状，对加拿大丰业银行、英国巴克莱银行、德意志银行、汇丰银行和法国兴业银行提出共同起诉。2014 年 7 月 25 日，美国投资者 J. Scott Nicholson 向曼哈顿联邦法院起诉汇丰、德意志和加拿大丰业三家银行操纵金、银价格，并寻求索赔。原告指控称，被告从 2004 年 1 月 1 日开始，独自或联合起来密谋，通过伦敦黄金、白银定盘价操纵黄金、白银及其衍生品价格。这种行为使得他们提前了解市场走势，并从中获利。其在向法院提交的法律文件中详细披露了伦敦定盘价受到操纵的诸多证据和手法。

2015 年 3 月，美国司法部门和美国商品期货交易委员会（CFTC）启动对国际大型投行可能操纵国际金属交易市场的调查，丰业银行、巴克莱集团、瑞士信贷集团、德意志银行都在被调查范围内。迫于压力，2015 年 3 月 20 日，有近百年历史的伦敦黄金定盘价被伦敦洲际交易所（ICE）取代。新定价机制不再是原来的五家交易商说了算，变成了由"市场"决定。顺便说一句，伦敦洲际交易所隶属于洲际交易所集团，总部位于纽约。

三、如何看懂美联储的"加息太极拳"

从以上分析可知，黄金的价格走势基本可以由美元走势来决定。那么，我们如何判断美元指数的走势呢？对于美元指数，目前为止只有德意志银行一家委婉地表达说，即使加息，美元汇率也不会数周内大幅上涨，原因是市场已经消化了美联储要加息的预期。剩下的全部机构都说会涨，我举几个例子：

2015年6月1日，日本野村证券表示，欧元/美元已经形成看跌形态（美元涨、欧元跌）；2015年6月9日，英国巴克莱银行表示，以实际有效汇率来看，未来美元/日元自2013年高点基础上的任何涨势都可能是由美元走强推动的；2015年6月11日，中国招商证券认为，虽然美元指数最近有所回调，未来仍会继续呈现上升趋势，美元指数在2015年底将会上升到105；2015年6月23日，美国布朗兄弟哈里曼银行的首席外汇策略师Marc Chandler指出，美元有望回到上升趋势；2015年6月16日，欧洲法兴银行报告，美元有10%左右的上涨空间，可能在2016年上半年达到。

其实，要判断美元是否会继续走强，关键要看美联储会不会加息、什么时候加息。

从2008年12月到2015年6月这几年间，美联储打的一套"加息太极拳"让人眼花缭乱。从"维持一段时间"到"很长一段时间"，从"2013年年中之前"到"2014年晚些时候"，从"至少到2015年年中"到"相当长的时间"，再到"保持耐心"，直到本次"加息将取决于未来的经济数据"，美联储不愧为修辞大师，非常谨慎而含糊地表述加息预期。

对于美联储何时加息，各种猜测也是满天飞。据媒体报道，"苏格兰皇家银行、法国巴黎银行、德意志银行等预测，美联储将于九月份加息的可能性极大"，"IMF总裁认为2016年开始加息将会更好"，"世界银行首席经济师建议美联储将加息推迟至明年"。这种类似的新闻充斥着媒体，但是大部分老百姓都不知道他们在说啥。

下面我就和大家谈一谈，为何业界一致判断美联储一定会加息？

2008 年以来，美联储通过三次量化宽松政策买入了大量垃圾债券，使证券持有者手中原本不值钱的债券瞬间变成了现金。2007 年美联储资产负债表规模只有 0.89 万亿美元，到 2014 年底变成了 4.5 万亿美元，涨了 4 倍。这些资本进入实体经济从而促进了美国经济的复苏，但同时也带来了通胀的风险。当然了，美联储的策略是向全球输出通胀，全球粮食和能源价格一直上涨，而最近八年美国国内的年均通胀率只有 1.4%。

那输出不了的部分怎么办呢？美联储想出了一个办法。以往商业银行向美联储存放超额准备金是没有利息的，而现在美联储给出了 0.25% 的超额准备金利率，这与目前美国银行间同业拆借不足 0.1% 的利率形成了巨大的利差，从而吸引了约 2.7 万亿美元的巨额资本"沉睡"在美联储的账户上。而在 2008 年 10 月之前，存放在美联储的超额准备金仅有 20 亿美元。美联储不能无限期忍受自己承担这个利率，当冤大头。那么怎么让这些资金回到市场中去呢？办法就是加息。具体来说，分为三个步骤：

第一步，囤积现金。一方面是在美联储账户上趴着的超额存款储备金，另一方面，美国上市公司也枕戈待旦。穆迪发布的报告显示，截至 2015 年 5 月，美国企业持有的现金总额为 1.7 万亿美元，其中苹果持有 1780 亿美元、微软持有 902 亿美元、谷歌持有 644 亿美元、辉瑞持有 534 亿美元、思科持有 530 亿美元。这些只是公开的上市公司，其他的如投行巨头、制造业巨头、矿业能源巨头等都虎视眈眈，等待加息后这轮机会的到来。

第二步，制造加息预期。在这方面美联储绝对是一把好手，一直大力渲染加息预期，它的各种说辞让处在世界各地的美元加速逃离新兴市场国家、回流美国。

第三步，制造危机、宣布加息、洗劫全球。一旦某个新兴市场发生危机，美元就从这个新兴市场国家大举逃离，随之而来的就是资本实力弱的新兴市场国家经济的迅速崩塌，资产价格迅速下降，到时候就会发现市场上满是便宜货。这时候美联储再一声令下，宣布加息，提高银行同业拆借利率，就会直接唤醒沉睡在美联储身上的嗜血资本。在逐利本性的驱使下，这些嗜血资本不会进入美国国内市场，而是会率先涌入新兴市场国家收敛便宜货，从而完成一次完美的资本侵略。

目前新兴市场国家普遍面临资本外流的局面。一旦资本外流加剧，将导致新兴市场国家外汇市场上本币供过于求、外币供不应求，本币更加贬值，而贬值又会刺激更大规模的资本外流，陷入恶性循环。再加上希腊债务危机久拖不决，欧债危机未来随时可能爆发。届时美国经济一枝独秀，全球资产价格大幅缩水，美国资本的大抄底就真正开始了。

由此可见，美国的金融战略已经布局完成，新一轮的全球金融危机即将开始。而我们的企业除了可以囤积一些美元现金来避险，还能够做什么呢？

四、投资大宗商品，需求是关键

除了黄金，一般情况下，大宗商品的价格走势也跟美元指数成负相关，如图 20-2 所示。当美国货币政策收紧，美元指数走强，美元回流，就会导致大宗商品价格下跌；反之上涨。如美国在 1980 年实际利率的陡然上升，就导致了当时美元商品的价格暴跌。而目前的情况是，美联储已于 2014 年 10 月结束量化宽松政策，业界对美联储的加息预期导致美元指数走强，大宗商品价格下跌。

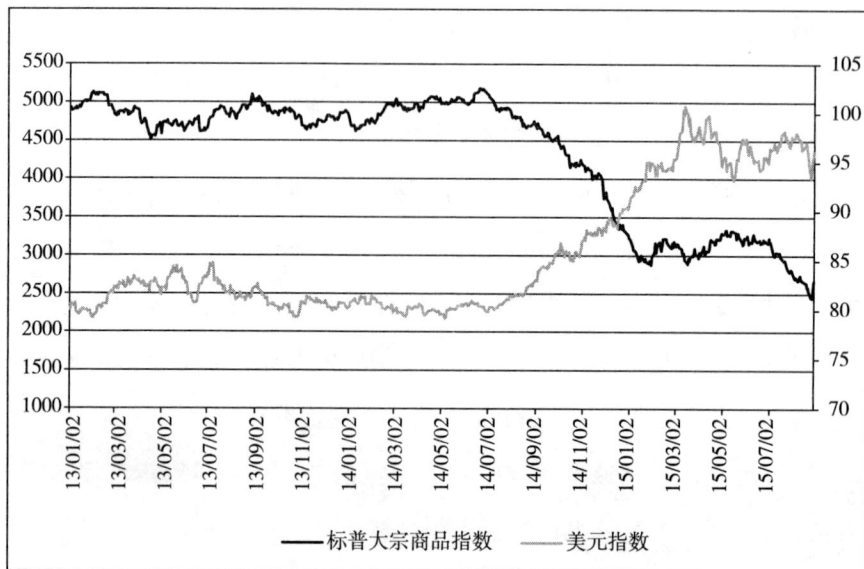

图20-2 大宗商品价格指数与美元指数

　　除了美元因素，全球经济增速放缓，也导致了大宗商品需求减弱、价格下跌。国际货币基金组织在 2015 年 7 月初发布的《世界经济展望》报告中，将 2015 年全球经济增长预期从此前的 3.5% 下调至 3.3%。而中国也将 2015 年的经济增长目标下调至 7%，比过去 3 年下调了 0.5 个百分点。作为世界第二大经济体，中国购买了全球大约八分之一的原油、四分之一的黄金、三分之一的棉花和一半的主要基本金属。2015 年上半年，中国的大宗商品需求量明显下滑，铁矿石进口量同比下降 0.93%，钢材和铜分别下降 8.28% 和 11.11%，煤的降幅最大，同比下降 37.66%。因为需求过于疲软，从 2015 年 7 月开始，大宗商品指数与美元指数同跌。

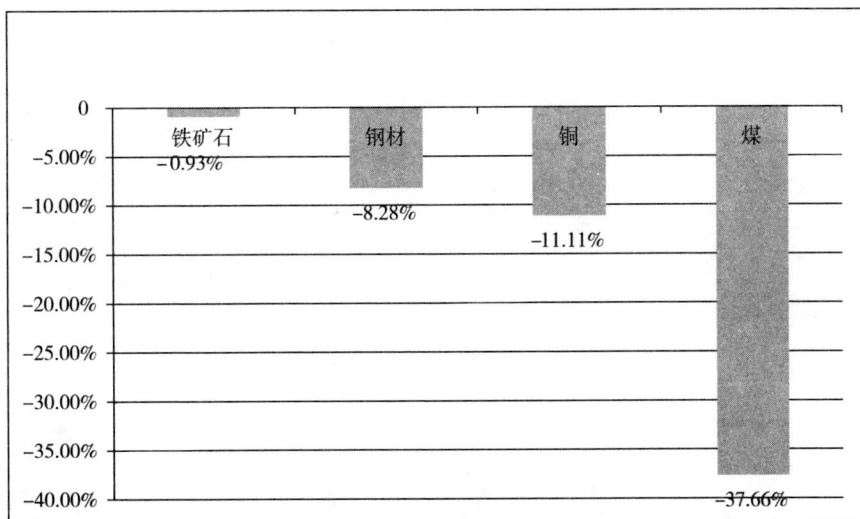

图20-3　2015年上半年中国大宗商品进口增幅

由此可见，投资大宗商品，一看美元指数，但最关键的还是经济形势决定的需求面。

民间金融投资

第二十一章　投资互联网金融，靠谱吗？

一、互联网金融的灵魂在于风险控制

当下投资的一大热点和趋势就是互联网方向。互联网带来的变化可谓天翻地覆，投资者在这样一片新蓝海中的机会更是无穷的。当然，任何投资都是机会与风险并存，投资互联网金融也不例外，甚至风险更大。

我以这几年非常热的 P2P 为例。从 2011 年至 2015 年 5 月，中国的 P2P 一共有过 660 家问题平台。我把这些平台出现的问题分类整理出来，大致可以分为四类，如图 21-1 所示。

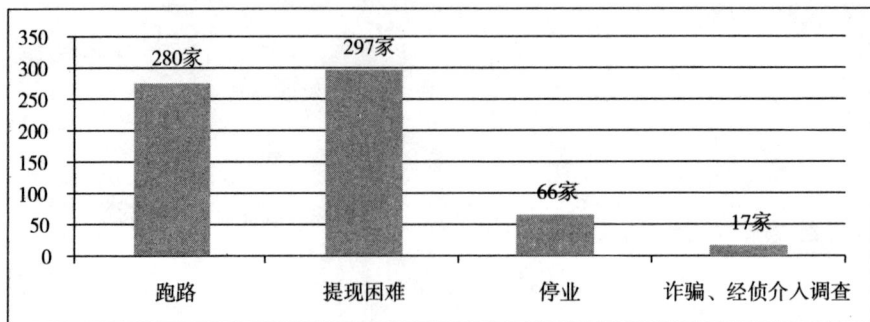

图 21-1　P2P 平台问题分类

其中，直接跑路的有 280 家，涉嫌诈骗的有 17 家，加起来是 297 家，占比高达 45%。这类平台都不是真正的 P2P，而是打着 P2P 幌子的庞氏骗局。它们往往是自己做资金池，然后拿这些钱去对接项目，一旦项目出问题就垮了。甚至自己没有项目，虚报一些项目骗取客户融资，最后携款跑路。

剩下的 55% 才属于真正的 P2P 互联网金融。其中停业的有 66 家，占比 10%。停业的具体原因不一样，基本上是竞争激烈、经营不善导致。提现困难的有 297 家，也占比 45%。主要原因是借款方偿还不起，而 P2P 平台又没有买保险，或者自己赚的利润根本就不够给产品买保险，只能用自身的钱先行垫付给客户，然后再去追债。于是有些实力不济的平台拿不出这么多钱兜底，出现短期提现困难。这属于经营能力差导致的现金流不稳，风险控制没做好。

P2P 互联网金融的灵魂其实就是风险控制。P2P 提供平台让借贷双方对接，资金由第三方托管，平台自身赚一点手续费，但并不承担风险，其风险是分散在保险公司、担保公司、借款客户身上的。所以，真正的 P2P 平台根本没有卷款逃跑的可能。但目前的问题是竞争太激烈，截至 2015 年 5 月底，中国共有 1946 家 P2P 互联网金融平台，竞争已经进入白热化，大家都在拼流量。所以很多真正的 P2P 平台也选择给客户承诺先行垫付，这样就把风险从客户转移到了平台自身，一旦风控做不好就面临被淘汰的危险。

也有一些创新型的互联网金融公司在积极解决这个问题。比如当天金融在线，提出了"P2N"的概念，这个"N"是指小额贷款公司、典当行、融资担保公司等第三方机构。通常这些小贷公司、典当行的项目是有前期风控的，如抵押、担保等，当天金融在线给这些项目做二次审核后，再拿到自己的平台上进行销售，就可以很好地控制项目风险。所以当天金融在线敢对客户承诺"无条件债权回购、100% 投资本息担保"，一旦借款逾期超过 24 小时，就启动自己的风险备用金账户先行垫付本金和利息。它有 1000 万初始风险备用金，之后每一笔借款都会把成交额的 0 ～ 5% 拿出来放到这个风险备用金里，以防万一。如果风险备用金也不能覆盖风险，借款合同仍然有效，当天金融在线会协助投资人通过法律程序解决违约问题，这样就大大降低了客户的投资风险。

二、互联网金融催生了合法的中国民间利率

在互联网金融出现之前，中国老百姓的投资方式大概有四种形式：第一种，银行存款，目前年利率是活期 0.35%，1 年定期 3%；第二种，余额宝类产品，相当于中国的民间活期存款，年利率为 3.7% ～ 4.5%；第三种，银行理财产品，年利率为 5% ～ 8%（企业债 5.8%）；第四种，民间借贷，也就是我们通常所说的高利贷，平均利率为 20% ～ 40%。你会发现，从银行理财产品到民间借贷中间有一个很大的利率空档，现在互联网金融填补了这个区域。目前 P2P 网贷的平均利率是 10% ～ 15%，而且手续简便，起投金额只需 100 元。

对比美国，美国老百姓一般不存现金到银行，因为银行利率实在太低，活期存款只有 0.08%，3 年定期存款为 1%。投资债券的利率要高一些，但收益越高风险越大，美国国债一年期收益只有 0.2%，而企业债最多能到 3%，但这已经是 BBB 级别了。互联网金融虽然最早从美国兴起，但发展相对缓慢，截至 2014 年底，美国企业债券市场规模为 7.8 万亿美元，美国国债为 12.5 万亿美元，而互联网金融只有 400 亿元人民币，几乎可以忽略不计。另外，美国互联网金融的利率也不高，只有 0.8% ～ 2%。中美不同投资方式利润率和金融市场比较，参见下列图表。

表21-1　中美不同投资方式利率

中国投资利率	美国投资利率
银行存款：0.35%~3%	银行存款：0.08%~1%
类余额宝：3.7%~4.5%	债券：0.2%~3%
理财产品：5%~8%	互联网金融：0.8%~2%
互联网金融：10%~15%	
民间借贷：20%~40%	

表21-2　中美不同借贷方式利率

中国借贷利率	美国借贷利率
银行贷款：国企4%~6%，民企10%~12%	银行贷款：3%~6%
发行理财产品：6%~10%	企业债券：4%~5%
互联网金融：12%~20%	互联网金融：6%~10%
民间借贷：20%~40%	

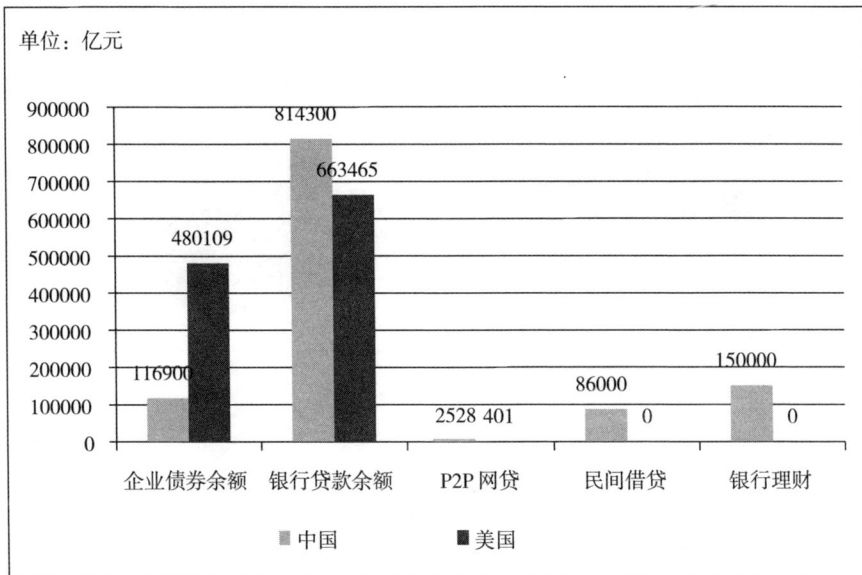

图21-2　2014年底中美金融市场对比

再来对比一下中美两国企业和个人的贷款途径，如图21-3所示。

第一，企业债。中国的企业债占比远远不及美国，不到美国的四分之一。并且在中国能发债的企业几乎都是央企、国企。

第二，银行贷款。中国的银行贷款占比要比美国大，但我们的银行贷款是首先满足国企和地方融资平台的融资需求，其次才是民营企业，而小微企业贷款只占到银行总贷款的16.7%。美国的银行贷款90%都是贷给个人，其中购房按揭和抵押消费贷款就占了77%。

第三，民间借贷。据西南财经大学中国家庭金融调查与研究中心2013年发布的《银行与家庭金融行为》调查结果显示，中国有33.5%的家庭参与了民间借贷活动，借贷总额达8.6万亿元。但是，随着互联网金融的发展，估计这个市场将越来越小。

第四，P2P网贷，中国的P2P网贷规模遥遥领先于美国，是美国的6.3倍（参见图21-4），并且由此催生了中国的合法民间利率。

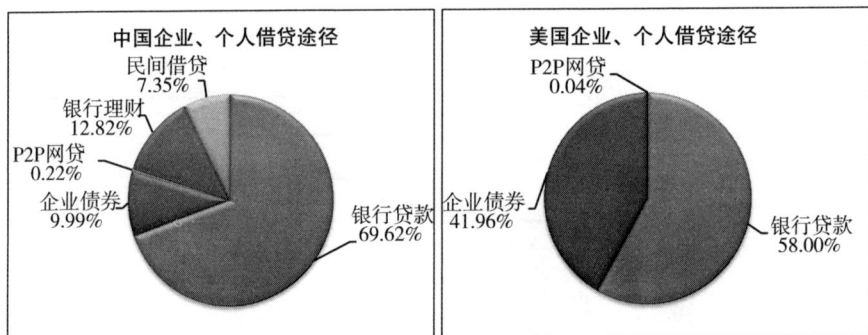

图21-3 中美两国企业、个人借贷途径

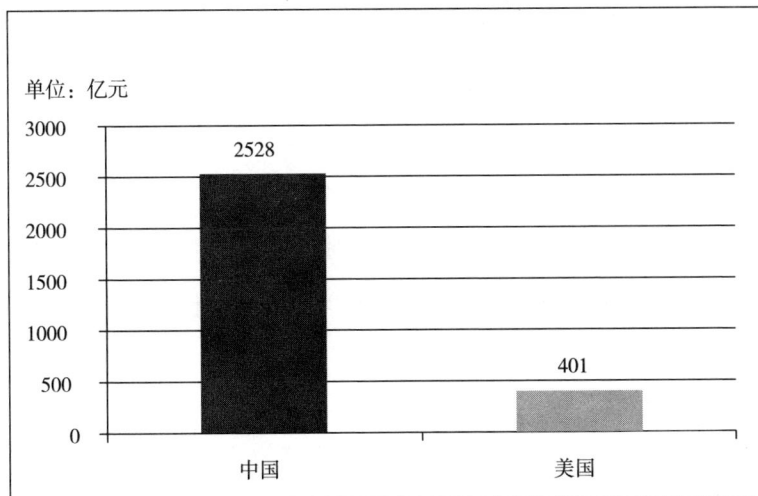

图21-4　中美两国P2P网贷金额

　　当我们在一个规范的P2P平台购买金融产品时，会被清楚地告知这笔钱要用多久，年化收益率是多少。并且一个规范的P2P平台会有第三方资金托管、担保公司担保或者平台自有资金先行赔付，将来还可能大规模引入保险公司承保。因此，在风险可控的情况下，年利率能达到10% ~ 15%。

　　因此，如果说P2P网贷的利率就是中国的民间定期利率，那么余额宝类产品其实就是中国的民间活期利率。这类产品可以随时提取，资金用于购买货币基金，年化收益率为3.7% ~ 4.5%，非常稳健。2015年第一季度，余额宝基金期末净值为7117.24亿元，而整个货币基金市场总规模为20891亿元，平均7日年化收益率为4.52%。这就是中国的民间活期利率！

三、P2P与银行理财类产品有何不同？

　　总结起来，P2P互联网金融和银行理财类产品有五大不同：

第一，规范的 P2P 基本都保本，而银行理财类产品除非直接写明保本，否则都不保本。P2P 实行先行赔付，这几乎是所有互联网金融公司宣传的口号。当天金融在线等 P2P（P2N）公司一旦碰到贷款违约都是先行赔付，然后帮助客户去追债。而银行理财产品一旦亏损了，银行不可能先行赔付。不过目前的情况是，银行理财产品的亏损率和 P2P 相比要低得多。2014 年到期的理财产品中有 51 只产品出现亏损，占全部到期产品的 0.03%，最终亏损产品本金的平均偿还率是 85.95%。但是也有高风险的情况，据《钱江晚报》报道，某投资者称其 2007 年在渣打银行买了 10 万元的理财产品，2012 年 12 月 13 日到期，账面亏损约 50%。2012 年 2 月 15 日，《三湘都市报》报道文章"坑爹啊，兴业银行理财 9 个月，23 万元只剩 15 万元"。类似的报道还有不少，也有诉讼到法院的，但是没有投资者成功维权的案例。

第二，贷款主体和贷款规模不同。P2P 的贷款方以小微企业和个人为主，贷款金额较小，少的几万元，多的几百万元，过千万的情况不太多；而银行理财产品的融资方以大企业和地方政府融资平台为主，融资金额少则几千万元，多则上亿元。

第三，投资门槛不同。在 P2P 平台上投资最低可以 100 元起步，而购买银行理财产品最低门槛 5 万元，也有很多是 100 万元起的。

第四，便捷程度不同。P2P 互联网金融产品的发行一般只需要几周，甚至 1～2 天就能搞定。而银行理财产品的发行流程一般需要 2～3 个月，而且发行前十天要向银监会报备。

第五，抵押品不同。P2P 互联网金融目前 80% 的抵押品都是住宅，可以说通过 P2P 盘活了存量房产。

另外，从风险程度上来看，银行理财产品的风险分为五个等级：谨慎型、稳健型、平衡型、进取型、激进型。我们选了工商银行、建设银行、广发银行、平安银行和包商银行这五家银行发行的 400 个理财产品的样本，整理后发现，市场还是偏向于谨慎型、稳健型的投资，两者加起来占全部理财产品的 94%。如表 21-3 所示。

表21-3　不同类型理财产品占比

理财产品	占比
谨慎型	48%
稳健型	46%
平衡型	4%
进取型	1%
激进型	1%

　　其中，风险最低的谨慎型产品以地方融资平台为主，这类产品有政府的隐性担保，一旦出问题，银行都会给它们展期，所以违约率很低。稳健型产品通常有足额抵押或第三方担保，比如房地产项目、经营稳健的企业借款等，即使偶尔出现问题也不至于违约。例如 2014 年 7 月，一款名为"中信理财之惠益计划成长系列 5 号 3 期"的银行理财产品，100% 投向酒钢宏兴定增，账面亏损 41%，兑付收益却高达 6.2%。对此，中信银行称，"银行在设计与研发产品阶段考虑到客户风险承受能力，引入外部担保公司"。正是因为风险低，所以理财产品的收益也低于 P2P 平台，绝大多数年收益率在 6% 左右，个别年收益率能到 12%。

　　在风险较高的三种产品中，平衡型产品一般为经营情况平平的企业债权类理财，占比 4%；而进取型和激进型产品则是风险最高的，一般为股票、外汇等理财项目，本质上属于代客理财，没有抵押。当然，这类产品给银行的返点也最高，银行更愿意推销这类产品。

四、我为什么对中国互联网金融前景看好

关于中国互联网金融的发展前景，我个人的看法比较乐观。为什么这么说？

第一，需求旺盛。广发银行和国际调研机构益普索于 2015 年 1 月 6 日发布的《中国小微企业白皮书》显示，目前中国小微企业融资缺口高达 22 万亿元，超过 55% 的小微企业金融信贷需求未能获得有效支持。4000 多万家中小微企业从商业银行贷不到钱，于是只能转向民间借贷，这些企业是中国互联网金融的资本需求原动力。

第二，供给充足。截至 2014 年末，中国居民存款余额为 50.3 万亿元，其中活期存款 21.4 万亿元，定期存款约 28.9 万亿元。而对普通投资者来说，目前互联网金融的年收益率为 10% ~ 15%，比银行利率要高得多，估计会有相当一部分资金从银行转移到互联网金融上来。

第三，资产证券化才刚刚起步。目前的 P2P 贷款只是盘活了小部分房地产，根据《证券日报》的统计，目前 P2P 融资中用房地产抵押的比重占 80%。这说明我们还有大量的其他资产没有被证券化，尤其是优质的国有资产。2014 年底，美国债券存量为 39 万亿美元，而美国 2014 年的 GDP 为 16.2 万亿美元，也就是说，美国债券存量相当于美国 GDP 的 250% 左右。比较而言，中国的债权存量只有 35 万亿元，占 GDP 比重只有 55%。

目前，我国的资产证券化已经起步。2015 年 6 月 4 日，河南省政府发文，"鼓励金融机构和投融资公司盘活存量资产，我省全面推进资产证券化"，"力争年度资产证券化总量不低于贷款余额的 3%，全省信贷资产证券化规模到 2017 年达到新增贷款额度的 10% 左右"，"我省将支持供排水、发电、路桥、铁路、地铁、机场、保障性住房等大型企业和投

融资公司选择流动性不强但可产生预期稳定现金流的资产，通过与证券、基金等中介机构合作，将供排水收费权、路桥收费权、电费、商业物业租金、应收账款等收益权及债权，通过打包、评级等手段，利用收益权资产支持计划等创新形式实现资产证券化，通过出售资产回收现金，实现重点领域再投入、再发展"。

实现资产证券化，有利于快速变现存量基础设施资产，缓解现金压力，改变基础设施建设单纯依靠企业投资建设、政府分期回购的传统模式，还能将企业风险与基础资产有效隔离，降低融资成本，减轻政府债务负担。我们期望互联网金融能在这个过程中发挥有效作用，也给老百姓更多的投资渠道。

最后，我提两条关于互联网金融行业健康发展的建议。首先，应该尽快出台法律法规，把不合格的"假P2P"赶出去，保险费用肯定会大幅下调，这非常有利于行业的发展。2015年4月28日央行表示，目前正在牵头起草《非存款类放贷组织条例》，拟对不吸收存款的放贷业务实施牌照管理，明确非存款类放贷组织的法律定位和市场准入资格，规定业务规则和监管框架，明确地方政府的监督管理和风险处置职责。我们期待这个条例出台后能够把这些非法集资企业清理出去。一旦把它们清理出去了，保险公司对P2P金融收取的保费就会大幅下降，行业才能健康发展起来。

其次，强制第三方托管，取消资金池。目前中行、招行、交行、徽商银行、平安银行等分别与开鑫贷、人人贷、投哪网、有利网、红岭创投等P2P借贷平台签署了合作协议，合作的范畴从早期的风险保证金托管扩展到全部借贷资金托管；从简单账户公示到全面托管服务和行业解决方案，这都是有利于P2P健康发展的保证。

第二十二章　民营银行，一道大菜？

一、民营银行是金融改革的灵丹妙药吗？

2014 年，中国银监会批准筹建首批试点五家民营银行：深圳前海微众银行、温州民商银行、天津金城银行、浙江网商银行、上海华瑞银行，可以说迈出了中国银行业民营化的第一步，还有更多的民营银行正在申请当中。

那么，我请大家思考一下，我们批准民营银行的目的是什么？成立民营银行能促进我们金融体系的改革吗？这个问题也许很难简单回答，但有一点可以肯定，那就是，对民营银行自身来说，它的目的只是为了赚钱，而不是解决政府面临的困境。为什么这么多民企想要挤进银行业？就是因为现在银行业利润太高、赚钱太容易。2013 年上半年，A 股 16 家银行的净利润占上市公司全部净利润的 56%，而前三季度占了 53.4%，所以民企想尽办法要进去分一杯羹。打个不太恰当的比方，如果我们开放的不是银行，而是赌场，那这些民企也一定会挤破头去办赌场。比起银行，赌场当然赚钱多了，澳门赌场的总资产利润率为 18%，而中国最赚钱的银行工商银行的总资产利润率也不过 1.87%。

我们知道，现有金融体制主要面临几个难题：首先是中小企业贷款难，这是个说了无数次、喊了多少年的问题，至今得不到解决。其次是地下金融猖獗。国家希望通过开放民营银行来优化资金配置，缓解中小企业融资压力，打击地下金融，维护市场稳定等。能不能达到这个效果呢？我觉得很难。

二、民营银行做大做强，难在哪里？

目前中国纯民营银行只有两家，一个是民生银行，一个是泰隆银行，其他的都有国有股参与。这两家银行是两种完全不同的模式。民生银行是 1996 年全国工商联负责组建，目的就是建立全国性银行，2000 年在 A股上市、2009 年在港交所上市，是典型的做大做强思维。而泰隆模式是走专业化路线，这点我稍后再作分析。

其实，民营银行做大做强的风险很高，因为银行规模越大，风险也就越大。前段时间温州的银行业曝出危机，大家知道哪些银行的不良贷款率最高吗？一个是建行，不良贷款率 10.33%；一个是招行，不良贷款率 10.01%。总体来看也一样，温州的国有银行、股份制银行和城市商业银行不良贷款率分别为 5.34%、5%、1.65%。

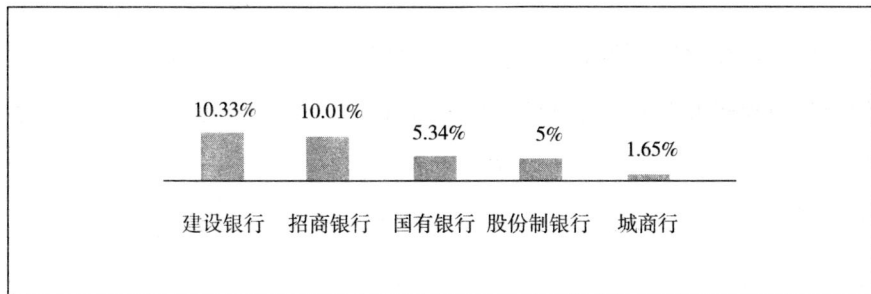

图22-1　温州市各银行坏账率

美国银行业的情况也一样，银行规模越大，风险越大。如图 22-2 所示，2007 年金融危机期间，10 亿美元以下的银行倒闭率为 4.1%，10 亿—100 亿的中型银行倒闭率为 10%，而 100 亿美元以上的大型银行倒闭率为 16.8%。

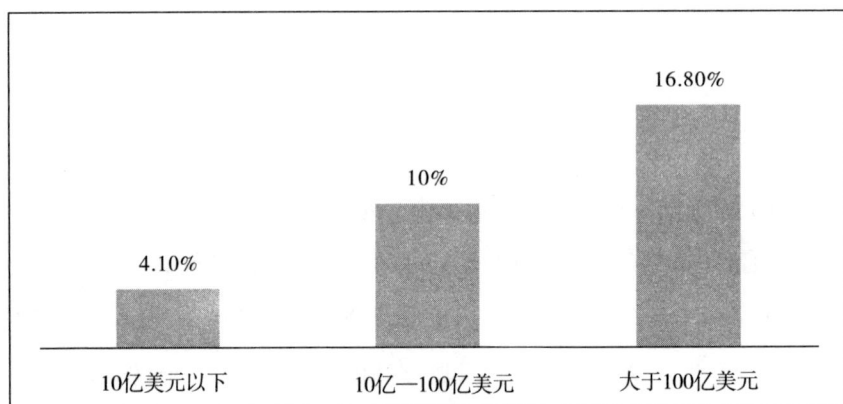

图22-2　金融危机期间美国不同规模银行倒闭率

因此，虽然现在大量民企削尖脑袋想挤进银行业来分一杯羹，但实际上民营银行的前景并没有想象的那么乐观。下面我分四点来说明。

第一，为什么有地方政府背景的城商行做不大？按道理来说，全国 150 家城商行最有实力抢国有银行的存款，因为它们的背后是地方财政局。结果呢？城商行也没能做大，因为如果你把钱存到城商行就意味着要被四大国有银行"收拾"。举个例子，假如你有一张渤海银行的卡，过年回家在工商银行的 ATM 机上取 1000 元钱，工行就要收取 10 元的手续费。有的城商行自己网点太少，为了提高竞争力，就自己承担了这个成本。本来银行之间结算用的都是银联系统或者央行的跨行资金清算系统，银联和央行都没对小银行歧视性收费，工行有什么道理乱收费呢？但是银监会和反垄断部门对这种不正当竞争一直视而不见。所以大家想想，有地方政府撑腰的城商行都难以做大，民营银行能吗？

第二，民营银行运营成本比四大行高得多。2013 年 11 月 28 日，央行行长周小川在《人民日报》定调，存款保险制度实行基于风险的差别费率机制。这样一来，民营银行就已经输在了起跑线上。道理很简单，只要允许保险费率差别化，保费最低的一定是工农中建四大国有银行。理由是国有银行不会倒闭，而地方性银行、信用社、民营银行等小银行的资金薄弱，风险巨大，所以应该交更高的保费。《银行家》杂志给出的保费建议是，国有大行 0.05%，股份制银行 0.08%，城商行和农信社 0.12%，而民营银行肯定不会低于 0.12%。

第三，钱荒将成为常态。2013 年 6 月 20 日，第一次钱荒，隔夜拆借利率最高达到 30%，收盘 13.44%；7 天拆借利率 11%，1 个月拆借利率 9.4%，都创下了历史纪录。2013 年 12 月 17 日，第二次钱荒，在央行及时注入 3000 亿元流动性的情况下，7 天拆借利率达到 8.8%，1 个月拆借利率达到 7.5%，创下 6 月以后的新高。对此，中金首席经济学家表示，未来"钱荒"存在常态化的可能性。不是因为市场没钱，而是资金成本在走高。

第四，低息揽储的时代将一去不复返，银行近来生意也不好做。银行资金成本上升主要是货币基金的便捷化，尤其是余额宝以及"类余额宝"这类货币基金。余额宝的天弘基金从 0 到 1900 亿元只用了 1 年时间，这些钱从哪里来？都是银行活期存款转移过来的。以工行为例，2013 年三季报显示活期存款规模为 6.8 万亿元，增幅从上年的 8% 下降为 4.5%，几乎下降一半。按照银行活期存款利率，这 6.8 万亿元一年只需支付 239 亿元的利息，而如果全部货币基金化，按照 5% 的收益率计算，这部分资金成本将高达 3420 亿元，凭空多出 3000 多亿元。这就是民营资本进入银行业的大背景。所以民营化以后，中国的存款利率、贷款利率可能都会上升，息差基本稳定。

三、值得民营银行学习的"台州模式三板斧"

因此，民营银行想要生存下来，就应该学习"台州模式"，在骨头缝里找肉吃。泰隆银行成立于 1993 年，地点在台州。它的发展宗旨和民生银行完全不同，从成立起，就将"小微企业"作为自己的服务对象。在台州，除了泰隆银行外还有两家银行——民泰商业银行、台州市商业银行，这三家银行的业务模式都差不多，都是瞄准小微企业，最后形成了独特的"台州模式"。我把它们的业务模式归纳为"台州模式三板斧"，我认为非常值得其他民营银行学习。

第一板斧，贷款便捷，信用贷款占贷款总额的 95%。很多小微企业的厂房是租的，设备是二手的，不值钱；很多个体工商户开个小卖铺，做个批发零售，他们都没有什么固定资产来做贷款抵押。大银行对这类人不屑一顾，但恰恰这些人就是台州银行的客户。没有抵押品也没关系，银行直接信用贷款给你，老客户三小时搞定，新客户三天给答复。贷款利率灵活，通常是一客一价，一笔一价，一共上百个利率。

第二板斧，充分了解客户情况，客户经理和客户打成一片。为了充分了解小公司现金流，判断它的盈利能力，台州银行规定，只要你把公司账放到本行，就可以享受贷款优惠，因此，台州银行 95% 的存款都来自这类小企业和个体户。银行设有客户经理，每个客户经理管理几十个客户，他的工作就是充分了解客户经营情况，天天和客户"聊天儿"。

但这些小企业和个体户没有财报、没有固定资产，那如何了解客户情况呢？实地调研。客户经理会在面摊上数一天卖多少碗面条；在工厂里算做塑料衣架每年能挣多少钱；看小卖铺抽屉里一天能有多少流水；

数家里养了多少头猪，还要考虑有几头是母的；根据客户家里的整洁程度判断他的执行力；甚至客户婚丧嫁娶还会去随个份子。这完全是和客户交朋友，把客户了解得透透彻彻。其实所有的细节都是为了解决一个问题：银行和客户的信息不对称。而台州模式成功地解决了这个问题，三家银行的不良贷款率都在 1% 以下。

第三板斧，服务至上，客户就是上帝，处处为客户着想。台州银行锁定的服务对象主要是中小工商户，他们通常习惯于现金交易，每天要忙到晚上六七点才收工，这时国有大银行早就下班了。所以台州银行把营业时间调整到晚上七点半，忙的时候晚上十点才下班，有的时候甚至上门服务。

那么，"台州模式三板斧"的效果如何呢？首先是国有银行坐不住了。在泰隆银行、台商行所在的台州市路桥区，国有银行的存贷市场份额从 60% 以上降到了 30%。为了应对挑战，台州的国有银行开始学习台州模式，提高客户经理的权限，加快放款速度；业绩不再以部门为单位，而是客户经理各自为战，对自己的业务负责。

在竞争推动下，台州中、工、建、农四大国有银行均实现了优良业绩和超低的不良资产率。截至 2013 年 5 月末，全国小微企业贷款占总贷款比率为 26.7%，浙江省小微企业贷款占总贷款比率为 37.4%。但是工行在台州的小微企业贷款占比达 45.97%，而台州模式的三家银行小微企业贷款占比高达 72.5%。由此可见，在民营银行的竞争压力下，国有银行的转型改革也取得了一定成效。

当然了，任何模式都不是万能的，"台州模式"也一样，只适合于一些特定的市场：第一，个体工商户数量足够大，可以建立庞大的客户群；第二，金融业欠发达，客户可以接受较高的利率；第三，最好这个客户群体的个体之间有广泛密切的联系，易于以点打面、找担保人。所以当泰隆银行去浙江省最穷的三门县发展业务，发现这个模式非常好用，竟然实现了零坏账。但是到了大城市就不适用了，泰隆银行进军杭州以后发现水土不服，和个体户们"交朋友"的成本极高，最后只得放弃大城市，专注于杭州市下属比较贫困的乡镇戴村和闻堰，这套模式又能用了。

因此，我对民营银行的忠告是：找准市场定位，而不是一味做大做强。泰隆银行专注一个点就行了——快。在收费上，泰隆银行没办法和四大行竞争，比如说一个网银的动态令牌110元，一个优盾50元，而四大行都是免费提供。利率就不用说了，虽然泰隆有上百种不同利率，但平均贷款利率一定是高于四大行的。至于存款的风险，泰隆也要高于四大行，历史上甚至发生过挤兑。泰隆银行在2001年差点倒闭，原因很简单，当时有谣言说，泰隆银行的老板在世贸大厦办事时遇到"911"袭击，被炸死了。结果所有储户都去取钱，行长亲自出来辟谣也没用。最后，台州市长一夜之间调集十几亿元解决了燃眉之急。因此，民营银行实际上是非常脆弱的，一旦风控不当就会出大问题，像这样的事件，很难说以后不会再发生。

就在本书即将发行之时，有消息称深圳前海微众银行行长、副行长已经分别辞职。微众银行成立至今以售卖理财产品为主。我觉得根本原因就在于没有找对民营银行的定位和方向，用传统的方式去做银行注定失败。

第二十三章　比特币大骗局

一、为什么说比特币是一个骗局

2013 年 12 月 5 日，央行联合五部委发布《关于防范比特币风险的通知》，明确告诉大家这玩意儿不是真正意义上的货币，金融机构不能用比特币定价，不能纳入保险责任范围，不能抵押等。12 月 16 日，央行再次宣布第三方支付系统不得为比特币以及类似的电子货币提供支付和清算业务。我非常支持央行的做法，因为比特币从头到尾就是个大骗局。央行应该彻底把它从金融系统中清理出去。

我们先来看比特币是怎么来的。关于这个问题，网上有一篇文章花了整整 13 页的篇幅讲了一堆我们普通老百姓都看不懂的东西：比如所有者公钥、时间戳服务器、hashcash、随机散列运算、网络节点等。那么今天我就用大家都听得懂的话来解释一下，什么是比特币，以及为什么这是一个骗局。

比特币完全是由电脑运算产生的，它的产生数量被提前设置好。最开始 10 分钟 50 个，在达到 2100 万个的一半，也就是 1050 万个后，速度减为 10 分钟 25 个；再产生 1050 万个的一半，也就是总共达到 1575

万个后，再递减为 10 分钟 12.5 个；以此类推，10 分钟 6.25 个，10 分钟 3.125 个，直到比特币总量无限接近于 2100 万个。

在 2009 年这个游戏刚开始的时候，只有两个人注册，他们只要完成一个非常简单的运算就能获得这 50 个比特币。比如选择 100 以内的偶数，命中一个就能得到 1 个比特币，10 分钟内每个人可以获得 25 个。后来有了 50 个人一起参与到这个游戏中，题目难度就要增大，需要电脑做更高级的运算，最终每个人 10 分钟能得到 1 个比特币。玩的人继续增多，比如 1 万台电脑同时参与，10 分钟还是 50 个币，结果就是绝大多数人都得不到比特币。所以最开始玩的人最有优势，据花旗分析师估算，目前比特币玩家里 0.1% 的人拥有 50% 的比特币，1% 的拥有 80% 的比特币。比特币发明者中本聪可能拥有已发行比特币的 10%。

现在因为参与的人多，比特币很难获得，怎么办呢？一些自认为聪明的人花几万元去买非常高级的电脑，他们称之为"挖矿机"，希望能凭此在竞争中获得优势，能分到一些比特币。另外一种就是中国大妈。她们直接花人民币去买比特币，当然，钱最后落到了最初设计、最早参与这个游戏的那批人手中。你知道中国大妈们从 2013 年 10 月至今花了多少钱买这些币吗？据我们估算是 170 亿元。具体数字应该是央行和淘宝更清楚，所以我非常支持央行封杀这个骗局，为老百姓指明真相。

二、中国大妈们是如何被骗的？

2013 年 10 月—12 月，短短两个月时间内，比特币涨幅非常惊人，从 130 美元涨到了 1200 美元，比特币交易量共 47.76 亿美元，其中用人民币交易的比特币占了 60%，折合约 170 亿元人民币。毫无疑问，这个价格泡沫就是我们中国大妈们吹起来的。

我们研究发现，每一次比特币价格创下新的历史纪录时，交易量都会爆棚。请看图 23-1。

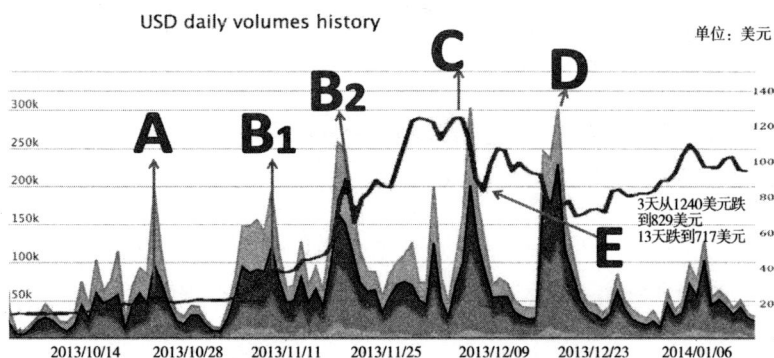

图23-1　2013年10月—2014年1月比特币交易量和交易价格

最左边 A 点，10 月第一个交易高峰出现在 23 日、24 日，也正是 23 日比特币的价格升到当时的历史纪录，233 美元一个。B 点，11 月有两个交易高峰，11 月 7 日和 14 日。在比特币从 270 美元上升到 440 美元时，出现第一个交易高峰，之后比特币价格在徘徊中上升，最终突破 900 美元，出现第二次交易高峰。

C 点和以往都不同，它是在价格下降过程中形成的一个交易高峰，原因是 2013 年 12 月 6 日，央行发布《关于防范比特币风险的通知》，造成价格急速下跌，但是成交量依然创下历史纪录。D 点更加明显，价格跌到 700 美元，跌幅达 40%，但是交易量依然暴增。原因是 2013 年 12 月 16 日，央行正约谈十余家第三方支付公司相关负责人，明确要求其不得给比特币、莱特币（LTC）等的交易网站提供支付与清算业务。比特币没有了交易渠道，所以价格大幅下跌。

从图中也可以清楚地看出，比特币价格呈现大起大落的趋势。如

2013 年 12 月 5 日—8 日，短短 3 天时间，价格就从 1240 美元下跌到了 829 美元，跌幅达 33%，12 月 18 日又创新低，只有 717 美元。投资比特币风险之大可见一斑。

那么，中国大妈们是怎么被骗的呢？大妈们肯定不懂网络术语，所以广告宣传上就用最简单的话告诉你："你想养老吗？现在花点钱买 10 个比特币就行了"；"现在买一个比特币，10 年之后你就是百万富翁"；"2033 年一个比特币保守估计价值 1860 万元"；"比特币就像黄金一样，最近几十年，也就是在大妈们的有生之年都会上涨"。还有人写书来推波助澜，如《比特币》《数字货币》《货币之王》《玩转比特币》等。

三、比特币有可能变成世界通用货币吗？

而对于有点知识的"中国大爷"，广告宣传就用另一套说辞。据宣传，现在比特币已经被美国、德国认可成为"货币"了。如果将来对冲基金把投资额的 1% 买成比特币，一个比特币将价值 1230 美元；如果持有黄金的人把 1% 的黄金换成比特币，一个比特币价格就将达到 3500 美元；如果以后毒品、武器等交易都采用比特币，那么一个比特币价格将达到 8.6 万美元；如果比特币变成世界的储备货币，那么一个比特币价格将达到 52 万美元。这么美好的未来，而你现在只需花 1000 美元就能买到一个比特币，多划算！

那么，现在我来告诉你真相：全世界政府都不会让比特币成为通用货币。原因很简单，二战以来凯恩斯主义主导着全球的政府。凯恩斯主义的本质就是政府可以借钱刺激经济，其实就是政府拥有发行货币的权力。但是比特币把货币数量上限定为 2100 万个，这等于直接剥夺了各国政府的货币发行权。所以很多国家和地区都直接宣布不承认比特币，如欧元区、中国、印度、泰国、印尼、马来西亚等。

现在，我带大家回到经济学里关于货币最原始的定义："从商品中分离出来固定地充当一般等价物的商品，就是货币。"货币的本质就是一般等价物，后来有了纸币，纸币的背后还是贵金属金、银。直到布雷顿森林体系崩溃，美元和黄金脱钩，各国政府发行的货币才真正和金银脱钩。其中，美元凭借美国强大的军事和经济实力成为全球货币，而各国政府靠自己的国家信誉为货币背书。

而比特币呢？既没有一般等价物的功能，更没有国家信誉，所以不可能成为通用货币。格林斯潘最近也表示："货币背后必须有支撑。在金本位时代，货币有内在价值，在法币时代，货币有主权信用。比特币背后有什么？我看不出来。"经济学诺奖得主克鲁格曼也批评比特币，他指出，制造虚拟的比特币是愚蠢的，比特币的狂热追随者们不懂货币，严重误解了货币。巴菲特于2013年5月表示："我们共有490亿美元的资金，但我们一分钱也没有投到比特币上。我对比特币成为一种通用货币一点儿信心都没有。"

四、美国为什么承认比特币是合法金融工具？

很多人说，美国支持比特币。我只想说，你太幼稚了。美元的世界货币地位是靠美国的强大经济和军事实力支撑的。2003年，伊拉克宣布用欧元结算石油，挑战美元的国际地位，结果美国绕过联合国直接颠覆伊拉克政权，从肉体上消灭萨达姆。当然美国官方的开战理由是大家耳熟能详的"大规模杀伤性武器"，但直到美军撤出，也没在伊拉克发现什么大规模杀伤性武器。由此可见，美国为了维护美元的世界货币地位，不惜采用战争手段，一个小小的比特币能挑战得了美元吗？

那么，美国为什么要承认比特币是合法的金融工具呢？其目的是将比特币纳入金融监管体系，以保护普通投资者的利益。这和我们央行宣布封杀比特币的出发点是一样的。一个典型的代表案件是，一个叫特兰顿·谢沃斯的人成立了"比特币存储与信托基金"，在 2011—2012 年两年时间内，他聚敛了总价值超过 450 万美元的共 70 万个比特币，但他突然在 2012 年 8 月把信托基金关闭，然后声称比特币不是金钱，不受美国政府监管。为了保护投资者利益，2013 年 8 月，法院裁定比特币作为金融工具应该被美国政府监管。这就被我们解读成了"美国承认了比特币"。

在之前监管缺位的情况下，比特币已经成了重要的洗钱和暴力犯罪工具。全球最大的接受比特币支付的网站叫"丝绸之路"，2011 年初在美国成立。这个网站提供 ATM 机黑客教程、伪造文件、出售枪支和雇佣杀手等服务，还有数千名毒贩利用这一网站销售了数百公斤的非法毒品，比特币的交易额超过 950 万个。鉴于这样的状况，美国财政部公开警告比特币存在洗钱风险，并提出比特币业务应作为货币转移业务受到政府监管。美国财政部下属的金融犯罪执法网络（FinCEN）出台的新规定明确指出：比特币相关业务应当被视为须遵守美国法律的"金钱服务业务"，正式把比特币纳入国家的监管体系。

五、给老百姓的忠告：看好钱包，远离比特币

历史上"比特币"已经失败无数次了。1976 年诺贝尔经济学奖得主弗里德里希·哈耶克完成了《货币的非国家化》这本书。他说，既然在一般商品、服务市场上自由竞争最有效率，那为什么不能在货币领域引入自由竞争？他提出一个革命性建议：废除中央银行制度，允许私人发

行货币并自由竞争，通过这个竞争过程将会发现最好的货币。然而，事实证明这是行不通的。

1990 年，互联网在美国兴起，网友们开始践行先贤的观点。一个名为"密码朋克"的密码破译组织尝试创建电子货币，另一个叫大卫·乔姆的人创建了一个匿名系统"电子现金"，之后各种电子货币不断涌现——比特金 (bit gold)、b 钱 (b-money) 等，但无一例外都失败了。其实，只需要把比特币的源代码稍微修改一下，就会出现一种新的货币，事实上已经出现了。现在我能搜集到的就有 80 多种，比如：莱特币、比奥币、夸克币、无限币、可可币、便士币、PPCoin、NameCoin 等。如果比特币可以成为世界货币，其他的这些货币也应该是世界货币，因为它们本质上一模一样。

请大家再想一想，今天到底是谁最想让大家继续玩比特币游戏？肯定是那些比特币的持有者，他们要抛出这些没任何意义的一串串数字，换成真金白银。如果他们真的相信他们自己发明的那套说辞，多少年后只需拥有一个比特币就能成为百万富翁，那他们为什么现在要以 1000 美元就卖出呢？为了忽悠大家高位接盘，比特币价格不断被炒高，同时也面临暴跌的风险。

从有专业网站记录比特币价格的第一天开始，1 个比特币价值 4.95 美分，这正好和当天 1.8 毫克黄金的价值相同。在之后的三年中，同样的 1.8 毫克黄金价格，最低也没有低过 4.8 美分，最高也没高过 8 美分，涨幅最高的时候也就 60% 而已。

而比特币的价格却好像过山车，从 4.95 美分最高飙升到 1240 美元，上涨了 25050 倍；同时也经历过 3 天内从 1240 美元跌到 829 美元。请问如果你就是那个 1240 美元接盘的，你能承受得了吗？很多时候，中国大妈们都是在高位接盘，和中国股市一样。现在，"中国大妈"已经成为中国的一个新群体，她们的相关利益可以说一定意义上就代表中国普通老百姓的利益。面对比特币的骗局，中国大妈该如何抉择呢？

生态农业投资

第二十四章 未来农业方向：互联网＋农业产业链

一、农业成为土壤最大污染源，谁之过？

本章来谈一谈大数据时代的农业。大家最近常常讨论"互联网＋"，国家也出台了相关政策进行引导。那么，作为一个国家最基础的命脉产业——农业，怎样才能在"互联网＋"的时代找到新的发展契机呢？

有一个问题经常困扰着老百姓，那就是食品安全问题。而食品安全问题，很大一部分又是由土壤污染造成的。我们总听到的毒西瓜、毒草莓和毒茶叶之类的新闻，产生问题的原因之一都是土壤里的农药用量监管不到位造成的。如 2015 年 4 月 1 日，《齐鲁晚报》上有这么一条消息：山东的即墨市、胶州市等多个地方的人食物中毒，经调查发现，是农药"涕灭威"残留物超标导致的。2015 年 4 月底，央视的财经频道报道称，记者随机购买了八份草莓，这些草莓分别来自农贸市场、超市、马路边和采摘园，无一例外全部都检测出了致癌农药乙草胺。其中残留量最小的样品每千克有 0.09mg 农药残留，而残留量最多的样品每千克足足有 0.367mg 农药残留。如果按照欧盟标准，这些草莓的农药残留超标了 7 倍多，这可是一个不小的数字啊。

目前，农业已经超过工业，成为土壤的最大污染源。环保部生态司司长庄国泰指出，我国农药需求量排在世界第一，然而有效施用只有35%，其余65%都是作为污染物排入环境中，而所有的污染物最终都归到土壤中。长此以往，地力扛不住，环境也扛不住。2015年2月，农业部宣布，到2020年，我们国家的农药使用量要实现零增长的目标。

二、根本原因在于农业产业链碎片化

那么，土壤污染及其所导致的食品安全问题，到底是谁的责任呢？我们来具体看看农业产业链里面的一些环节。首先，农药生产商的生产、销售都是合法的；其次，农民用农药杀虫，他自己没有检测农药残留的手段，所以农民好像也没有什么错；最后，运输者和销售者认为自己只是一个"搬运工"，对食品安全没有责任。其实，归根结底，正是农业产业链的碎片化导致了上述种种污染问题。

那么，究竟什么叫作农业产业链的碎片化呢？请看图24-1。这些就是农业产业链上的组成部分。而碎片化的根本原因是，产业链上各个环节之间的壁垒很深，互相之间没有沟通。

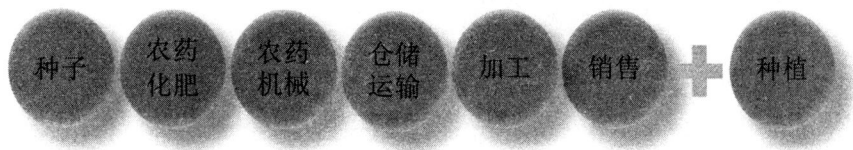

图24-1　农业产业链

比如说第一个环节，种子。卖种子的人只要有种子经销的资格，就是合法的，至于种子适不适合当地的气候、土壤，能不能抗病虫害，种子商是不管的。当然还有更恶劣的做法，就是直接侵权，也叫作套牌，甚至售假。2014 年，农业部打击侵犯品种权和制售假劣种子的案件就高达 6400 多起。第二个环节，农药化肥，情况也一样，农药化肥的生产和销售商只管前端，至于农民买了农药化肥该如何正确使用，一亩地用多少，他们是不管的。至于剩下的环节，农业机械、仓储运输、加工和销售，这些都是不直接参与农业生产的，更是与生产环节没有沟通。

最后来看产业链中最关键的环节，种植。农民种地是要赚钱的，他想要提高产量，就得多施肥；他想要自己的产品卖相好，卖出高价，就得靠农药。而化肥和农药就是土壤污染的罪魁祸首。那为什么不用有机肥和低毒高效的农药呢？价格太高。我们来看图 24-2，每亩土地有机肥和化肥的成本对比。

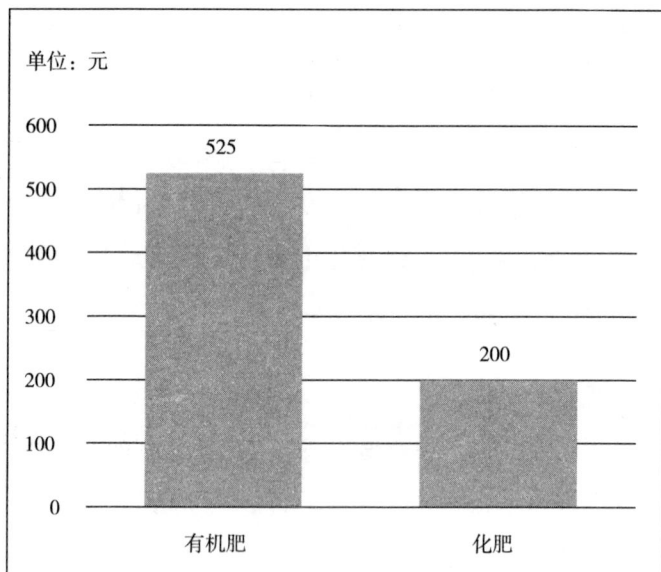

图24-2　每亩地肥料成本

我们看到，普通化肥的每亩地施用成本只有 200 元，而有机肥每亩地施用成本是 525 元，是普通化肥的两倍多。并且，施用有机肥的农产品不一定能卖出好价钱。为什么？因为信息不对称，消费者无法辨认这是不是有机产品。

三、农业产业链整合三大模式

那么，针对这个问题，我们该怎么办？答案是产业链整合。目前已经有学者提出了建议，一种是合作社模式，一种是供销社模式。

首先是合作社模式。请看图 24-3，全国农业合作社数量，从 2008 年的 11.09 万家逐年增长到 2014 年的 128.88 万家，增长速度很快。

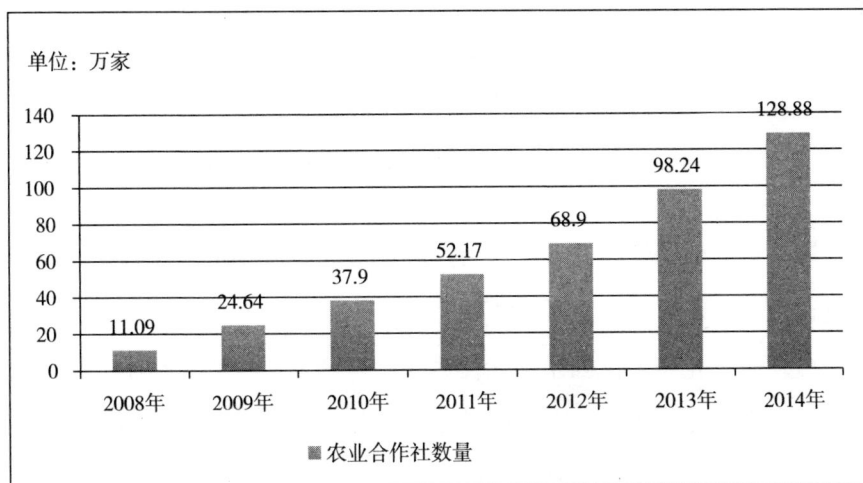

图 24-3　农业合作社数量

然而在合作社越来越多的情况下，土壤污染和食品安全问题并没有得到缓解，合作社在这方面起的效果似乎并不明显。为什么呢？请看图 24-4，在整个农业产业链上，合作社模式只是把销售环节和种植对接起来了，其他环节没有涉及。而只对接销售环节是解决不了问题的。比如像超市和连锁店，它们是控制不了农产品上游的六大环节的，所以没有公信力，对于"有机食品"的标签，消费者通常都不信任。

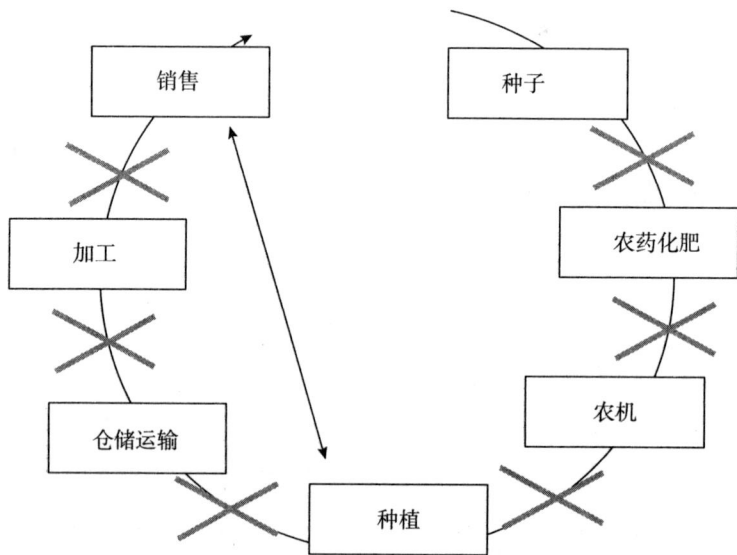

图24-4　农业合作社只对接销售与种植环节

第二种，供销社模式。我认为这种模式如果做好了，可以比较成功地进行农业产业链整合。那么供销社模式具体是如何操作的呢？第一步，在种植环节，托管农民的土地，代耕代种。第二步，整合产业链，将农业产业链上的各个环节打通。种子环节，由供销社精选出供应商；农药化肥环节，由供销社统一测土配方、多层施肥；农机上，采用统一收割；仓储运输和加工、销售上，也是统一储存、统一加工销售。通过整合农业产业链的六大环节，农民的收入会大大提高，每亩增产20%～30%，增效400～800元。

第三种，是我提出来的一个解决方案，RFID全流程监控模式。具体怎么操作？第一，数据化，把全产业链的每一个环节都记录下来。第二，利用RFID的射频识别跟踪技术，从种子到种植、施肥、收割、储存、运输、加工和销售，这每一个过程都要做到透明、可追溯。第三，卖高价。

我要强调的是，只有可追溯才能卖高价，才能负担得起上游的高昂成本。

具体到农药化肥这个环节，怎么做到优化呢？首先一个要素是进行源头把控。请看图 24-5，采用微生物优化种植技术，得到健康饲料，再用健康饲料来喂养家禽家畜，土壤质量和水质就会随之得到改善。

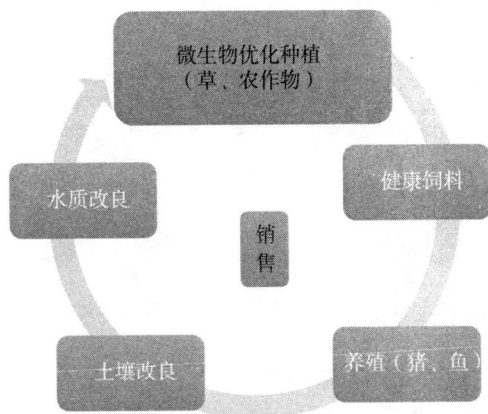

图24-5　微生物优化种植技术

四、用物联网技术优化农业产业链

关于如何优化农业产业链，我再来说说物联网技术在其中的作用。其实这一点就是我先前提到的 RFID 监控技术。在种子环节，可以利用物联网技术在农田安装传感器，搜集气温、湿度、土壤含水量、土地肥力等数据，从而选择出最合适当地日照时间、雨量等自然条件的农作物种子。在种植环节，可以根据农作物生长期间传感器反馈的数据，选择合适的农药、化肥和浇水量等，有利于农作物最饱满地生长。在加工环节，例如，做面包和做面条对于小麦蛋白质含量的要求是不一样的，所以这批农作物最适合加工做成什么，这样的信息是需要物联网帮助抓取的。除此之外，最适合的加工厂在哪里，最快捷的运输途径是什么，这些问题也是需要考虑的。最后，到了销售环节，物联网技术可以反馈市场情况，根据市场需要来调节种植品种及种植量。

不过，使用物联网技术还需要一个重要的前提，就是要完成土地集约化。这需要合作社或者企业把各家各户的土地集中起来，这是做有机农业和高效产业链的前提，而农户个人是无法完成的。集约后的土地认证流程很严格，要经过申请、合同及费用预算、检查、检察员报告、综合审查评估、颁证决议、付款颁证等步骤。土地从认证之日起 36 个月为转换期；和非有机产品要设置缓冲带；对周边灌溉水源、土壤和空气有统一的要求，不达标不允许颁证；只能用有机肥，不可以使用化学合成农药和化肥；生产有机的肉类，饲料必须是有机种植的。

最后，要整合农业产业链，基础设施建设要先行。基础设施是"互联网 +"和大数据的前提，也是物联网的前提。对于相关的基础设施建设，我们国家已经启动。2015 年中央一号文件指出："大力支持电商、物流、商贸和金融等企业参与涉农电子商务平台建设，开展电子商务进农村的综合示范。"2015 年 5 月 8 日，国务院出台"电商国八条"，中央财政将拿出 20 亿元专项资金用于农村电商基础设施建设，可见政府已充分意识到了基础设施建设的重要性。

健康产业投资

第二十五章　互联网助力新兴大健康产业

一、大健康产业雏形显露，市场庞大

2015 年 4 月 10 日，苹果推出 Apple Watch，其特别之处在于，它不仅仅是只手表，而是主打健康概念。除了苹果之外，小米、三星、微软、华为等都推出类似的穿戴设备，这些设备的共同特点是具有强大的健康管理功能，比如记录步数、速度、距离、热量消耗、睡眠质量，测量心跳、血压等。我相信未来还可以测血糖、血脂、胆固醇等，这些都不难突破。

在这些穿戴设备大行其道的背后，一个庞大的产业链正逐渐显现出来，我把它叫作大健康产业链。高科技公司纷纷试水大健康产业，是因为它背后的庞大市场。

首先，健康关系国计民生。对于家庭来说，一旦家庭收入的主力成员生病，家庭收入就将大幅下降，每个家庭成员的生活都受到影响。对于国家来说，如果一个国家的健康人群大量缩小，势必影响这个国家的经济发展。所以未来看一个国家的综合实力，国民的健康程度是一个重要指标。

其次，我国不健康人群数量日渐庞大。中国疾病预防控制中心营养与食品安全所陈君石院士指出，中国有 1.6 亿成年人血脂异常，2 亿成年人超胖，3 亿成年人吸烟。1974 年，每 10 万人当中只有 74 个人得癌症，而到 2014 年，这个比例增长到每 10 万人当中有 139 人得患癌症。也就是说这 40 年当中，患癌症的人口比例增加了一倍。在医疗投入上，未来 5 ～ 10 年，中国要新增 5000 万张病床，要投入 1.4 万亿元的资金。

二、五大环节组成大健康产业链

下面我们来具体说说，什么叫作大健康产业链？请看图 25-1，大健康产业链可以分成五个环节。

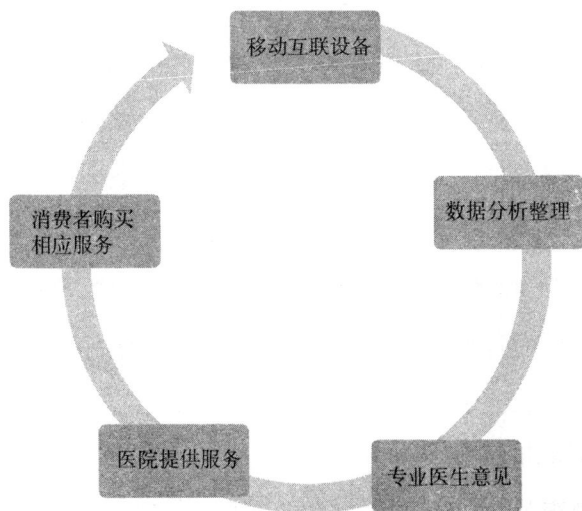

图25-1　大健康产业链

第一个环节，移动互联设备，即目前我们看到的手表、手环这些可穿戴设备。设备供应商为苹果、华为、三星、小米、微软等。目前这些科技巨头还主要是靠卖硬件赚钱，没有提供进一步的数据分析等服务。比如说小米手环卖一百块左右，因为它的功能相对单一；而苹果的设备相对较贵，超过两千块。像这样的移动互联设备本身是产业链的第一步。

第二个环节，数据分析整理。目前已经出现了大量的健康类手机应用软件，像减肥的、健身的、医疗顾问的等两千多款。这些软件拥有大量的用户和数据，而且呈快速增长的态势。比如说"春雨医生"，一款手机医生问答软件，这款软件的用户，使用免费版的10天可以问诊一次，而会员可以享受不限次数问诊，医生的费用由春雨医生进行补贴。春雨医生这几年开始慢慢受到关注，请看图25-2，为这款软件近几年的下载次数统计。2011年下载10万次，2012年下载140万次，2013年下载620万次，2014年下载2440万次。虽然数量还是不多，但是增长速度非常惊人。并且据春雨医生自己宣称，其已经拥有全世界最大的移动疾病数据库。但目前的问题在于，还没有找到稳定的盈利模式，一直都是风投在烧钱。

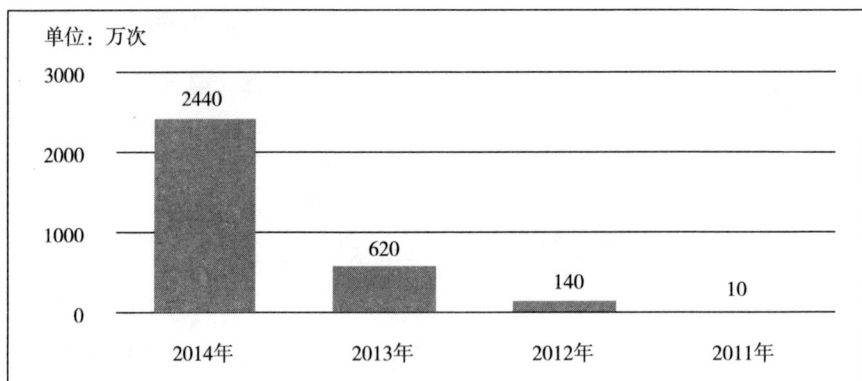

图25-2　春雨医生APP年下载次数

第三个环节，专业医生意见。2015年，春雨医生推出了私人医生服务，很受欢迎。但是它马上会有一个强势竞争对手，百度！2015年3月18日，百度"问医生"启动了一个晨光计划，集合了 25 家三甲医院，包括北京大学肿瘤医院、北京大学第一附属医院、上海市同济医院等，集体入驻"问医生"项目。具体做法就是把医生从医院搬到网上，在网站上向用户提供专业的问询服务，针对每个人的身体条件和疾病状况给出解决方案，运动、食疗、吃药、检查、手术、用某种医疗器械等。不过，光有医生的诊断还不够，如果医生建议开药，甚至做手术，靠网上的医疗服务就无法实现，产业链没有完全打通。

第四个环节，医院提供服务。从目前的情况看，这一环要打通还很困难。比如说，医保平台接入问题，目前的私立医院都无法接入医保，移动医疗服务想要接入医保就更加困难了。并且，移动医疗服务的结果是否能为公立医院所采信，目前也不明朗。举个例子，在第三个环节，专业医生建议患者去三甲医院做个核磁共振，而当患者真的去了三甲医院，医生会根据网上专家的意见马上做核磁共振吗？答案是不可能。当地医院的医生为了免责，一定会给患者重新做一遍全方位检查，然后再决定做不做核磁共振。因此之前第三个环节的专业问询完全是徒劳的。可能的解决方案是，建立全国联网的个人电子病历、健康状况、移动医疗等相关标准，这样才能接入医院的系统，打通整个环节。

唯一值得欣慰的是，在第四个环节，已经有医院开始主动接入移动互联网了。2014 年 6 月，广东省韶关市粤北人民医院实现了微信全流程就诊，关注"粤北人民医院"微信公众号，然后通过微信直接查看医院专家信息，选择专家并预约挂号，再通过微信支付挂号费。接下来，患者可以通过微信查看候诊通知，知道有几个人在前面排队。就诊之后，可以用微信查看检验结果，并用微信支付看病费用。患者在完成缴费流程后，系统会自动提示患者填写满意度调查表，可以持续改进服务质量。

总体来看，使用微信服务就诊时间缩短 1.23 小时，满意率达 90% 以上。目前，这种模式已经在多家医院推广，包括广东省妇幼保健医院、暨南大学第一附属医院、合肥市口腔医院、上海市儿童医院、解放军四五四医院等。

如果大部分医院都能用微信完成看病流程，下一步就可以建立统一平台的电子病历数据。这必须靠政府的力量推行，把每个人的病历和社保卡或者和个人身份证号挂钩，这样才能和微信平台以及前面提到的春雨医生、百度"问医生"等问诊软件对接。一旦这一步对接完成，向前对接第一个、第二个环节就容易多了，只需要用户授权医生访问自己的健康数据就可以实现。

最后一个环节，消费者购买相应服务。只要前面环节打通，最后一步就顺理成章了。消费者购买服务之后，由第四个环节拿出一个合理的利润比例，分给第二个、第三个环节。两头盈利，中间分成，一个成熟的盈利模式就出来了。这种模式一旦得到普及，五大环节将大健康产业链全部串在一起，老百姓看病的费用大幅下降，同时大大节省看病的时间，医院也不再拥挤，这是一个值得期待的美好前景。

三、未来移动医疗的更大作用在疾病预防

整个大健康产业链打通后，最大效果是什么？不是简单地看病更方便了，而是对疾病防患于未然。传统的医疗诊断采用非黑即白的模式，即设定一些数据指标，超过了这个指标就是有病，没超过就是没病。可实际生活中人们从健康到不健康不是突变，而是一个渐变的过程，这就需要对身体的各项指标做持续性监测。如果大健康产业链的五大环节能够打通，可穿戴设备能够持续把采集到的体征信息发送到云平台，这样

医生就可以进行大数据分析，从而及时发现疾病隐患。这样我们就可实现医疗前移，在病症的积累阶段及时采取相应措施，由治病向预防转变。通过这种方式，我们能节省 90% 的医疗资源。

世界卫生组织的研究报告认为，三分之一的疾病通过预防是可以避免的，三分之一的疾病通过早期发现是可以得到有效控制的，三分之一的疾病通过信息的有效沟通能够提高治疗效果。另据《美国健康管理计划对我国社区卫生服务的启示》这篇文章的数据显示，美国 70% 的医疗服务费用是与那些可预防的疾病有关，而这些费用只花到了不到 10% 的人群身上。这个数据与世界卫生组织的研究报告相吻合。

美国密歇根大学健康管理研究中心主任第·艾鼎敦博士曾经提出，美国经过 20 多年的研究，得出了这样一个结论：健康管理对于任何企业和个人都有一个 90% 和 10% 的关系，即 90% 的企业和个人通过健康管理后，医疗费用降到原来的 10%；而没有进行健康管理的 10% 的企业和个人，医疗费用会比原来上升 90%。

那么其他国家过去有没有做过健康管理呢？当然有。

2010 年开始，丹麦成为首个征收"肥胖税"的国家，以此刺激胖人减肥。根据政策，消费者购买饱和脂肪含量超过 2.3% 的食品，每公斤必须缴纳 16 丹麦克朗（约合 18.4 元人民币）的肥胖税。日本厚生劳动省规定，2008 年起，40 ~ 70 岁男性的腰围不得超过 25.5 寸，约 85 厘米，女性不可超过 27.03 寸，约 90 厘米。如果超过，会被要求减肥；要是 3 个月之后仍然未达标，需接受减肥建议；假如再过 6 个月仍然超重，就要接受减肥再教育；如果在规定年限内无法达标，员工所在企业将被罚款最高达到 1900 万美元。2013 年，阿联酋迪拜推出减肥换黄金活动，参与者每减一公斤体重，就能得到一克的黄金，以此来遏制不断上升的肥胖率。可见，各国政府都已经开始重视国民的健康管理。

总之，大健康产业链掘金的空间很大，这是一个完全没有开发过的新的盈利模式，谁先推出，谁就能够获利。建议投资者密切关注这个产业，也建议大家根据大健康概念，重新规划自己的健康计划。